中学入試にでる順 ≫≫

改訂版

［社会］
地理

監修 玉田 久文 （スタディサプリ講師）

JN039642

＊この本には「赤色チェックシート」がついています。

＊この本は、2018年に小社より刊行された
　『中学入試にでる順 社会 地理』の改訂版です。

KADOKAWA

はじめに

　この本を手に取っていただき，ありがとうございます。この本は，**中学受験を する小学5年生・6年生のための参考書**です。入試本番までの使い方は人それぞ れですが，志望校合格に向けて一つでも理解を深めてくださいね。

改訂にあたって

　2018年に発売された『中学入試にでる順　社会　地理』をこの度，改訂する ことになりました。改訂にあたって日本全国約100校程度の中学入試の社会を三 年分チェックしました。とてもやりがいのある充実した時間を過ごすことができ ました。近年は資料やグラフを読み取る問題が多くなっています。そして今後も この傾向は続くでしょう。出題者がどのような意図を持って資料やグラフを作成 したのかを考えること，そして学んできた知識をもとに考えて解くことができる 生徒が点を取ることができます。今回の改訂で，統計資料，グラフの数値を新し いデータに差し替えました。また自然災害伝承碑の追加など，多くの中学校で出 題された問題を一問一答形式で確認できるようにしました。

　入試問題の地理単元は年々思考力が問われる問題が増えています。ただ思考力 といっても基本がしっかりしていなければ論理的に考えることはできません。ま ずは基礎知識が重要です。基礎知識が定着していなければ問題は解けないといっ ても過言ではありません。この『改訂版　中学入試にでる順　社会　地理』は、 基礎知識の確認をしながら思考力をパワーアップできる構成になっています。こ の本を反復して学習し力をつけましょう。

最初に学ぶべきは「気候」

　この本では，各地の気候区分を最初に学びます。**各地の気温と降水量を理解す ることは，地理を学ぶ基本です。**たとえば，北海道と沖縄の気温と降水量には大 きな違いがあります。そのため，生活様式や産業が大きく異なっています。まず はこの気候を理解したうえで，農業・工業・貿易を押さえていきましょう。仕上 げに各地の地形を覚えてください。

ほとんどの学校の中学校1年生の社会科では，世界地理を学びます。日本国内での違いと同じく，気温と降水量が異なれば各地の生活様式は大きく異なります。入試問題で気温と降水量のグラフ（雨温図）が毎年出題される学校は，社会科の先生方のこのような思いから出題されているのではないでしょうか。

グラフになれよう，グラフの見方を身につけよう

　この本は，テーマごとに見開きになっています。一部のテーマでは，2つのSTEPに分かれています。STEP1で基礎知識を学び，さまざまなグラフや資料を扱っているSTEP2に進みましょう。

　グラフは作者の意図が大きく反映されます。たとえば，よく見かける工業地帯や工業地域の工業種類ごとの製造品出荷額の割合を表したグラフ（P44のような）では，各地でさかんな工業を理解しましょう。一方で，この本にはあえてあまり見かけないグラフも掲載しています。たとえば，工業地帯であれば割合が大きくても全体の生産額が低い場合，必ずしも他の工業地帯，地域よりも生産額が高いわけではありません（P45のように）。

　この本でしっかり学べば，**図を読む力を養う**ことができます。入試本番でさまざまな切り口で出題されても，対応しやすくなるでしょう。知識の確認と，それをどのように活かすのか，という2つの視点をもって学習に取り組んでください。

直前期なら

　もし学習する時間が限られていたら，自分が苦手だと思っている単元を反復して取り組みましょう。**暗記が苦手な生徒の大きな共通点は2つ，**反復練習が少ないのと，**手が動いていない**ことです。興味のあるゲームのキャラクターやスポーツ選手であればすぐに覚えられるみなさんは，**必ず社会科の用語を覚えられます。**

　毎日覚えようとしていれば必ず入試本番までに覚えられます。苦手単元を克服すると自信を持って入試本番に臨めます。**一人でも多くの生徒が自信をもって，胸を張って試験会場に入っていける**ように，この本が役立つことを願っています。

監修　玉田久文

本書の特長と使い方

この本の特長

① 最新の入試分析にもとづく，"でる順"でテーマを構成
② 要点＋演習で，効率的に学べる
③ 「入試で差がつくポイント」で，"思考力""応用力"を鍛えられる

この本の使い方

[ふつうのテーマのページ]

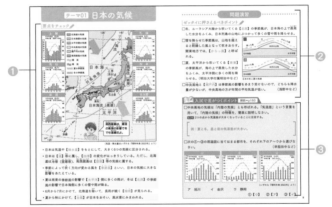

❶ 左側の「要点をチェック」では，重要なことを暗記しましょう。地図やグラフと合わせて，知識をインプットします。

- -

❷ 右側は「問題演習」です。そのうち，「ゼッタイに押さえるべきポイント」では，入試で問われる切り口を学びます。入試での実践力を養いましょう。《できたらスゴイ！》がある問題では，左側のページであつかっていないテーマも出題しています。

- -

❸ 「問題演習」のうち，下部にある「入試で差がつくポイント」では，「単純な暗記では解けない切り口」「図やグラフを使った問題」「難関校で出されたテーマ」などをあつかいます。左側のページであつかっていないテーマも出題しています。巻末に掲載した「解説」でも理解を深めましょう。「解説」の $\boxed{1}$・$\boxed{2}$ などの番号は，問題の上からの順に対応しています。

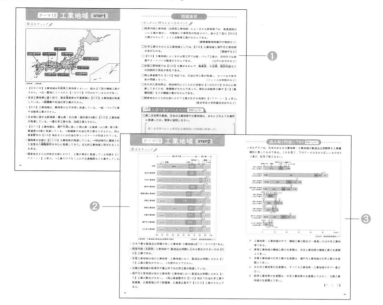

❶ まずSTEP1で基礎知識を押さえます。STEP1では，ふつうのテーマのページと同じように学びましょう。

❷ STEP2では，さまざまなグラフや資料などをあつかいます。グラフになれ，図を読む力を身につけましょう。

❸ 「読み取り問題にTRY」では，大事なグラフや，あえてあまり見かけない図を載せています。「要点をチェック」とは違った視点で問うようにしてあるので，さまざまな形式で入試で出題されても対応できる力をつけましょう。

[グラフについて]
グラフの数値は，四捨五入により，合計が100％とならない場合があります。

[出題校について]
この本では，問題であつかったポイントが，過去の入試で出題された学校を示しています。小社独自の入試分析をもとに記載しております。「問題演習」「読み取り問題にTRY」のいずれも，形式を統一するために一部改変を行っております。また，出題されたすべての学校を示しているわけではありません。複数の学校で出題されたポイントでは，一部の学校の名前を記載しております。

本文デザイン／ムシカゴグラフィクス　キャラクターイラスト／加藤アカツキ　編集協力／㈲マイプラン

目 次

要点をチェック

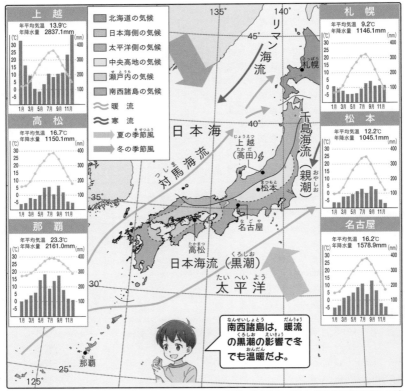

（気温・降水量はいずれも『理科年表 2023年』より）

- 日本は気温や【降水量】をもとにして，大きく6つの気候に区分される。

- 日本は【温】帯に属し，【四季】の変化がはっきりしている。ただし，北海道は冷帯（亜寒帯），南西諸島は【亜熱】帯の気候に属する。

- 季節によって吹く方向が変わる風を【季節風】といい，日本の気候に大きな影響をあたえている。

- 夏は南東の季節風の影響で【太平洋】側に多くの雨が，冬は【北西】の季節風の影響で日本海側に多くの雪や雨が降る。

- 6月から7月にかけて，北海道を除いて，長雨が続く【梅雨】が見られる。

- 夏から秋にかけて，【台風】が日本をおそい，風水害にみまわれる。

ゼッタイに押さえるべきポイント ✏

☐ 冬，ユーラシア大陸から吹いてくる【北西】の季節風が，日本海の上で蒸発した水分をふくみ，日本列島の山地にぶつかって多くの雪や雨を降らせる。

☐ 雪を降らせた季節風は，山地を越えると乾燥した風となって吹きおろす。関東地方では，【からっ風】と呼ばれる。

☐ 夏，太平洋から吹いてくる【南東】の季節風が，海の上で蒸発した水分をふくみ，太平洋側に多くの雨を降らせる。（明治大学付属明治中など）

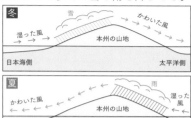

日本の冬と夏の気候

☐ 中央高地と【瀬戸内】は季節風の影響をあまり受けないので，どちらも降水量が少ないが，中央高地の方が年間の平均気温が低い。　　　　　（浅野中など）

📖 入試で差がつくポイント　解説→p150

☐ 中央高地の気候は「内陸の気候」とも呼ばれる。「気温差」という言葉を用いて，「内陸の気候」の特徴を，簡単に説明しなさい。

ヒント 2つの点から気温差が大きくなっていることに注目する。

> 例：夏と冬，昼と夜の気温差が大きい。

☐ 次の①〜③の雨温図に当てはまる都市を，それぞれ下のア〜ウから選びなさい。　　　　　　　　　　　　　　　　　　　　　　　　　　（早稲田中など）

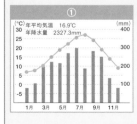
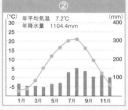
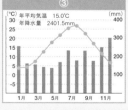

（いずれも『理科年表 2023年』より）

ア　旭川　　イ　金沢　　ウ　静岡

①【ウ】　②【ア】　③【イ】

要点をチェック

都道府県	おもな品種
北海道	ななつぼし
青森県	まっしぐら
岩手県	ひとめぼれ
宮城県	ひとめぼれ
秋田県	あきたこまち
山形県	はえぬき
福島県	コシヒカリ
新潟県	コシヒカリ

米のおもな産地とおもな栽培品種

稲作のさかんな地域　　　　　　　　　　　　（農林水産省資料より）

- 都道府県別に見ると，米の収穫量の第1位を争うのは【新潟県】と【北海道】で，東北地方の各県や，関東地方の【茨城県】も米の生産が多い。

- 稲は生育期に高温多雨と日照が必要だが，低温と日照不足が続くと生育が悪くなる【冷害】が起こる。1993年の大規模冷害では，【タイ】などから米の緊急輸入がされた。

- 米は，よりおいしく，寒さに強い新しい性質に作り変えていく【品種改良】が行われてきた。近年は【コシヒカリ】，ひとめぼれ，はえぬき，あきたこまち，まっしぐらなどの品種が栽培されている。

- 食生活の変化によって米の消費量が減り，米があまるようになったので，政府は他の農作物への転作をすすめるなど，生産調整を行っていた（現在は廃止されている）。

- 世界の貿易自由化の流れをうけて，日本の米は1995年から【ミニマムアクセス】（最低輸入量）の輸入，1999年からは高い関税をかけて【輸入自由化】となった。現在はタイやアメリカ合衆国から輸入しているが，その量は生産量の1割程度に過ぎない。

ゼッタイに押さえるべきポイント ✏️

☐ 稲作がさかんなところは，北海道では石狩川流域の【石狩】平野や上川盆地，新潟県では信濃川流域の【越後】平野，東北地方では八郎潟を干拓した大潟村，雄物川流域の秋田平野，最上川流域の【庄内】平野，北上川流域の仙台平野などである。 (山手学院中など)

☐ 九州では，筑後川流域の【筑紫】平野で稲作がさかんである。

☐ 米は日本人の【主食】であるが，近年日本人の食生活が欧米風に変わり，パンやパスタ，肉などを食べる機会が増えた。そのため，米の消費量は【減って】きている。 (広尾学園中など)

☐ 米の消費量が減り，古米として余るようになると，政府は1970年ごろから水田を休耕田にしたり，他の農作物を栽培する【転作】を進めたりする，【生産調整】(減反)を行った。 (江戸川女子中・渋谷教育学園渋谷中など)

☐ 1993年に大規模な【冷害】が発生し，米の需要量に見合う生産量が確保できなかったため，一時的に米を【輸入】した。 (山手学院中など)

☐ 米の生産はアジアの，中国・【インド】など，人口が多く，消費量の多い国でさかんである。 ◀できたらスゴイ！

📖 入試で差がつくポイント 解説➡p150

☐ 近年の日本の米をめぐるようすについて，消費量，生産量，輸入量の3つの観点から，それぞれ簡単に説明しなさい。

ヒント 消費量と生産量は理由を述べて，増えているか，減っているかにふれる。輸入量は自由化に関連させる。

消費量
例：食生活の変化にともない，減っている。

生産量
例：転作などの生産調整が進み，減っている。

輸入量
例：貿易自由化の流れによって，わずかではあるが一定量を輸入するようになり，現在では輸入が自由化されている。

要点をチェック

〈米の生産量〉

- 地方別の米の生産量が最も多いのは【東北】地方である。関東地方や北陸地方も生産量が多い。

- 東北地方や北陸地方は冬の降雪などの影響から，1年に1度だけ米をつくる【水田単作】地帯となっており，生産量が多いことから「日本の米ぐら」とよばれている。

米の収穫量が
20万t以上の道県
（2022年）

米の生産がさかんな都道府県　　　　　　　　（農林水産省資料より）

〈地域別・農業種類別の産出額の割合〉

- 地域別に見て，農業種類別の産出額の割合のうち，米の割合が高いのは水田単作地帯である北陸地方や【東北】地方である。

- 北海道は米の生産量は多いが，【畜産】による収入も多いので，農業産出額に占める米の割合は低い。

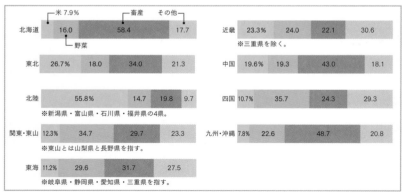

米 7.9%　　畜産　　その他

北海道　16.0　58.4　17.7
└野菜

東北　26.7%　18.0　34.0　21.3

北陸　55.8%　14.7　19.8　9.7
※新潟県・富山県・石川県・福井県の4県。

関東・東山　12.3%　34.7　29.7　23.3
※東山とは山梨県と長野県を指す。

東海　11.2%　29.6　31.7　27.5
※岐阜県・静岡県・愛知県・三重県を指す。

近畿　23.3%　24.0　22.1　30.6
※三重県を除く。

中国　19.6%　19.3　43.0　18.1

四国　10.7%　35.7　24.3　29.3

九州・沖縄　7.8%　22.6　48.7　20.8

地域別・農業種類別の産出額の割合　　　　　　（2021年　農林水産省資料より）

- 右のグラフは日本人の食生活の変化を表している。これから読み取れることとして正しいものを，次のア〜エから1つ選びなさい。

  ア 日本人の食生活はまずしくなった。

  イ 小麦の消費量の割合はわずかに減った。

  ウ 米の消費量の割合は大きく減った。

  エ 米の消費量の割合が減ったのは，味が落ちたからである。

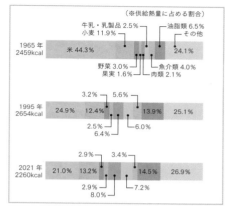

日本人の食生活の変化 （食料需給表 令和４年度版より）

【ウ】

- 右のグラフは日本の米の生産量や輸入量などを表したものである。グラフ中の①〜④に当てはまるものを，次のア〜エからそれぞれ選びなさい。（芝中など）

  ア 輸入量

  イ 供給量

  ウ 生産量

  エ 一人1年当たりの供給量

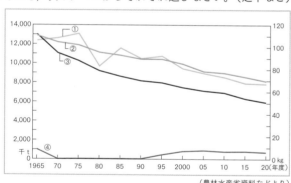

（農林水産省資料などより）

  ①【ウ】

  ②【イ】

  ③【エ】

  ④【ア】

米の一人1年あたりの供給量が減っているのは，日本人が昔に比べて米を食べなくなったということだよ。米はほぼ自給できるけれど，ミニマムアクセス（最低輸入量）を輸入し，輸入自由化になったよ。

要点をチェック

〈野菜〉

種類	おもな栽培方法	さかんな都道府県
高冷地農業	【抑制】栽培	長野県，群馬県など。
【施設園芸】農業	促成栽培	高知県，宮崎県など。
【近郊】農業	露地栽培	千葉県，茨城県，埼玉県など，大都市周辺。

おもな農業の種類

- 高冷地農業では，【レタス】や【キャベツ】，はくさいなどがさかんにつくられている。夏でも涼しい気候を利用して抑制栽培を行うことで，他の産地と出荷時期をずらしている。

- ビニールハウスなどの施設を使う促成栽培では，【きゅうり】やトマト，【ピーマン】など，夏にできる野菜を時期はずれの【冬】につくって，【高い】値段で出荷するなどの工夫が行われている。

- 新鮮さが求められる野菜や花は，生産地が消費地に近い方が有利であるため，大都市の近郊などで栽培されている。

- 近年，低温輸送のしくみである【コールドチェーン】の発達により，消費地から遠い生産地からも出荷されるようになった。

- 野菜は【中国】からの輸入が最も多く，全体の約50％をしめている。

〈果物〉

果物	栽培がさかんな都道府県
【みかん】	和歌山県，愛媛県，静岡県
【りんご】	青森県，長野県，山形県
【ぶどう】	山梨県，長野県，山形県，岡山県
【日本なし】	千葉県，茨城県，栃木県
【もも】	山梨県，福島県，長野県
【さくらんぼ】（おうとう）	山形県，北海道

おもな果実とおもな産地

おもな果物と，栽培がさかんな都道府県の組み合わせは，よく出題されるよ！

- おもな果物の輸入先は，アメリカ・フィリピン・中国で，フィリピンからは【バナナ】の輸入が多い。アメリカ合衆国からは，1991年に輸入が自由化されたオレンジや，グレープフルーツが多く輸入されている。

ゼッタイに押さえるべきポイント

□長野県の野辺山原や，群馬県の嬬恋村では，夏でも涼しい気候を利用した野菜の【抑制】栽培がさかんに行われている。 （横浜共立学園中など）

□宮崎平野や高知平野では，ビニールハウスを利用した野菜の【促成】栽培がさかんに行われている。とくに，宮崎平野ではピーマンやきゅうりの生産がさかんである。 （西大和学園中など）

□ぶどうは【山梨県】の甲府盆地などでさかんに栽培されている。 （慶應義塾中等部など）

□青森県と長野県は，ともに【りんご】の生産がさかんである。 （鎌倉女学院中など）

□さくらんぼ（おうとう）は，【山形県】でそのほとんどを生産している。 （暁星中など）

□和歌山県は【かき】やうめ，みかんの生産量が第1位である。愛媛県や静岡県でもみかんの生産がさかんである。 （西大和学園中・志學館中など）

□長崎県の【びわ】，愛媛県の【キウイフルーツ】，広島県の【レモン】など，各地で特色ある果物が栽培されている。 できたらスゴイ！

□1991年に牛肉とともに輸入が自由化された【オレンジ】は，アメリカなどから多くを輸入している。 （横浜共立学園中など）

入試で差がつくポイント 解説→p150

□抑制栽培や促成栽培を行うことで，他の産地と出荷時期をずらす利点を簡単に説明しなさい。

例：他の産地が出荷できない時期に出荷できるため，高く売ることができる。

□ビニールハウスなどを使った促成栽培には，他の産地と出荷時期をずらせるなどの利点もあるが，欠点もある。それを簡単に説明しなさい。

例：ビニールハウスの費用や暖房代など，露地栽培などに比べて，費用が多くかかる場合がある。

要点をチェック 🖋

〈おもな野菜の生産地〉

キャベツ
群馬県 19.7%
愛知県 18.0%
計 148.5t
その他 46.8%
茨城県 7.4%
千葉県 8.1%

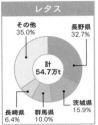

レタス
その他 35.0%
長野県 32.7%
計 54.7万t
長崎県 6.4%
群馬県 10.0%
茨城県 15.9%

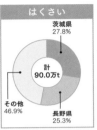

はくさい
茨城県 27.8%
計 90.0万t
その他 46.9%
長野県 25.3%

ピーマン
その他 41.7%
茨城県 22.5%
宮崎県 18.0%
計 14.9万t
高知県 8.8%
鹿児島県 9.0%

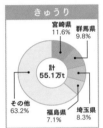

きゅうり
宮崎県 11.6%
群馬県 9.8%
計 55.1万t
その他 63.2%
福島県 7.1%
埼玉県 8.3%

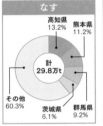

なす
高知県 13.2%
熊本県 11.2%
計 29.8万t
その他 60.3%
茨城県 6.1%
群馬県 9.2%

トマト
熊本県 18.3%
北海道 9.0%
計 72.5万t
その他 59.3%
茨城県 6.6%
愛知県 6.8%

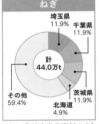

ねぎ
埼玉県 11.9%
千葉県 11.9%
計 44.0万t
その他 59.4%
北海道 4.9%
茨城県 11.9%

（2021年 農林水産省資料より）

〈おもな果物の生産地〉

みかん
和歌山県 19.7%
愛媛県 17.1%
計 74.9万t
その他 37.9%
熊本県 12.0%
静岡県 13.3%

りんご
山形県 4.9%
その他 9.2%
岩手県 6.4%
青森県 62.8%
計 66.2万t
長野県 16.7%

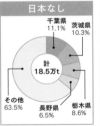

日本なし
千葉県 11.1%
茨城県 10.3%
計 18.5万t
その他 63.5%
長野県 6.5%
栃木県 8.6%

西洋なし
その他 12.1%
長野県 6.6%
山形県 64.7%
計 2.2万t
青森県 8.3%
新潟県 8.3%

ぶどう
その他 40.1%
山梨県 24.6%
長野県 17.4%
計 16.5万t
山形県 8.8%
岡山県 9.1%

さくらんぼ
その他 18.6%
山形県 69.9%
計 1.3万t
北海道 11.5%

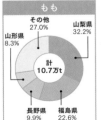

もも
その他 27.0%
山梨県 32.2%
山形県 8.3%
計 10.7万t
長野県 9.9%
福島県 22.6%

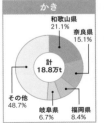

かき
和歌山県 21.1%
奈良県 15.1%
計 18.8万t
その他 48.7%
岐阜県 6.7%
福岡県 8.4%

（2021年 農林水産省資料より）

• 次の表のX〜Zに当てはまる都道府県名を答えなさい。　　（早稲田中など）

農産物名	なす	ピーマン	レタス	トマト
生産量1位	X	茨城県	Z	Y
生産量2位	Y	宮崎県	茨城県	北海道
生産量3位	群馬県	鹿児島県	群馬県	愛知県
生産量4位	茨城県	X	長崎県	茨城県

（2021年　農林水産省資料より）

X…【高知県】　Y…【熊本県】　Z…【長野県】

• 地図中のA〜Dの都道府県のうち、次の果物の生産がさかんな都道府県を、それぞれ記号で答えなさい。

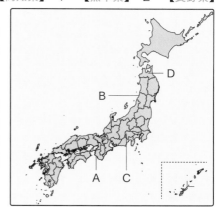

かき　　　…【A】
さくらんぼ…【B】
ぶどう　　…【C】
りんご　　…【D】

• 次のグラフは東京都中央卸売市場におけるなすの出荷量を表している。①〜④には高知県，栃木県，茨城県，群馬県のいずれかが当てはまる。高知県に当てはまるものを選びなさい。

（お茶の水女子大学附属中など）

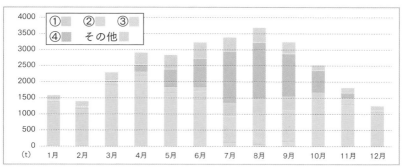

（2022年　東京都中央卸売市場資料より）

【②】

要点をチェック

- 食品や工業製品の材料となる農作物を【工芸作物】といい，茶，てんさい，さとうきび，こんにゃくいも，なたね，い草などがある。

- 茶は【静岡県】や鹿児島県の台地で生産が多い。

- 【てんさい】（ビート）は砂糖の原料になる。涼しい気候を好み，日本では【北海道】ですべてが生産されている。【さとうきび】も砂糖の原料になる。暖かい気候を好み，日本では【沖縄県】と鹿児島県ですべてが生産されている。

- 牛や豚，鶏など家畜を飼育し，乳製品，肉，卵などを生産する農業を【畜産業】という。畜産業のうち，乳牛を飼育し，生乳や乳製品を生産することを【酪農】という。

- 【乳牛】は，北海道の十勝平野や根釧台地，近郊農業が行われている栃木県，岩手県の北上高地などで飼育がさかんである。【肉牛】は，北海道，鹿児島県や宮崎県に広がるシラス台地などで飼育がさかんである。

- 【豚】と肉用若鶏（ブロイラー）は，鹿児島県と宮崎県，近郊農業が行われている千葉県や群馬県でも飼育がさかんである。卵をとる【鶏】は，近郊農業が行われている【関東】地方で飼育がさかんである。

（2022年　農林水産省資料より）
乳牛の飼育頭数の上位5都道府県

- 牛肉は1991年に輸入が【自由化】された。安い外国産に対抗するため，国内の畜産農家は，安全で高品質な畜産物の輸出に力を入れている。

（2022年　農林水産省資料より）
肉牛の飼育頭数の上位5都道府県

（2022年　農林水産省資料より）
豚の飼育頭数の上位5都道府県

（2022年　農林水産省資料より）
肉用若鶏の飼育羽数の上位5都道府県

ゼッタイに押さえるべきポイント ✏️

□茶は【静岡県】と鹿児島県の2県で，全国の約7割を生産している。

□工芸作物のうち,【茶】は国内消費量の約30％を輸入している。輸入先は中国，スリランカ，インドなどである。 ◀できたらスゴイ!

□家畜を飼育するには，えさとなる【飼料】が必要である。日本の畜産業では飼料の【自給率】は約25％で，残りは輸入にたよっている。（攻玉社中など）

□北海道と岩手県，熊本県は，乳牛・肉牛どちらの飼育もさかんである。近郊農業が行われている【栃木県】や群馬県では乳牛が，九州南部の【鹿児島県】や宮崎県では肉牛が多く飼育されている。 （専修大学松戸中など）

□鹿児島県と宮崎県は,【豚】や【肉用若鶏】の飼育も多い。

（國學院久我山中など）

□卵をとる鶏の飼育がさかんなのは，近郊農業が行われている【茨城県】や千葉県，鹿児島県などである。

□日本の畜産業は，農業や林業，水産業と同じく，高齢化（こうれい）や【後継者】（こうけいしゃ）不足のため，農家戸数，飼養頭数（飼っている家畜の数）ともに減ってきている。しかし，1戸あたりの飼養頭数は増えている。 ◀できたらスゴイ!

📖 入試で差がつくポイント 解説➡p150

□近年の日本の畜産業について，以下の①〜③の3つの観点からそれぞれ簡単に説明しなさい。

①農家の労働力に関する課題
②飼料に関する課題
③外国製品の輸入への対抗策

①
例：高齢化と後継者不足により，労働力が確保できない。

②
例：飼料を輸入にたよっていて，製品の価格が高くなる。

③
例：安全で高品質な製品の輸出や販売に力を入れている。

要点をチェック

〈工芸作物〉

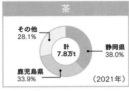

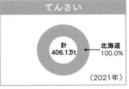

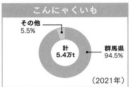

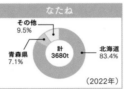

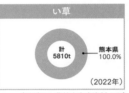

（いずれも農林水産省資料より）

〈畜産業〉

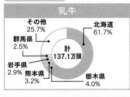

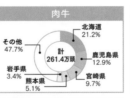

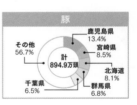

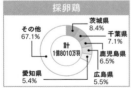

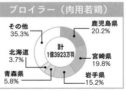

（いずれも2022年 農林水産省資料より）

- 乳牛と肉牛の飼育頭数はいずれも北海道が1位。鹿児島県と宮崎県は, 肉用の家畜の飼育数が多い。

- 日本は,【牛肉】をオーストラリアやアメリカ合衆国,【豚肉】をアメリカ合衆国やカナダ,【鶏肉】をブラジルやタイなどから輸入している。

- 畜産業では,【牛】や豚に口蹄疫,【牛】にBSE（牛海綿状脳症）, 鳥に鳥インフルエンザなどの病気が発生するので, 農家はその予防に力を入れている。

・次の表は乳牛，肉牛，豚による農業産出額の上位5道県を表している。表から読み取れることとして誤っているものを，次のア〜エから1つ選びなさい。

（駒場東邦中など）

乳牛		肉牛		豚	
北海道	4983	鹿児島県	1151	鹿児島県	856
栃木県	463	北海道	960	宮崎県	521
熊本県	339	宮崎県	708	北海道	512
岩手県	264	熊本県	400	群馬県	465
群馬県	259	岩手県	259	千葉県	447
全国	9247	全国	7385	全国	6619

乳牛・肉牛・豚の都道府県別の産出額　　　　　　　　（2020年　農林水産省資料より）　単位：億円

ア　畜産物の生産がさかんな地域としては，北海道と九州地方南部があげられる。

イ　近郊農業がさかんな関東地方では，乳牛や豚の生産がさかんである。

ウ　牛肉は輸入が自由化され，安い外国産のものが輸入されるようになったので，北海道の畜産農家は，安全で高級なものを販売することに力を入れている。

エ　北海道は乳牛による産出が多く，宮崎県や鹿児島県では肉牛による産出が多い。

【ウ】

・次のグラフは，富山県，山梨県，高知県，鹿児島県の農業種類別（米，野菜，果実，畜産，その他）の農業産出額の内訳を表している。鹿児島県に当てはまるものを，ア〜エから1つ選びなさい。　　　（青山学院横浜英和中など）

ヒント　各県でいちばん割合の高い種類に着目しよう。

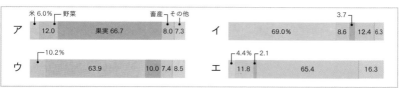

農業種類別の農業産出額の内訳　　　　　　　　　　（いずれも2020年　農林水産省資料より）

【エ】

要点をチェック

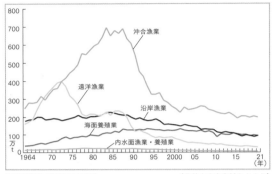

漁業種類別の漁獲量の推移　　　　　　（農林水産省資料などより）

- 海岸近くの海で，日帰りで行う小規模な漁業を【沿岸漁業】という。

- 海岸から数十kmの海で，数日～2週間程度行う漁業を【沖合漁業】という。

- 大型船が船団を組み，遠くの海で数か月以上行う漁業を【遠洋漁業】という。排他的経済水域の設定により，大きな打撃を受けた。

- いけすなどの中で，人工的に魚や貝を育てる漁業を【養殖業】という。このうち，入江や湾などの海面で行うものを，【海面養殖業】という。

- 魚や貝をある程度の大きさになるまで育ててから自然の中に放流し，成長したのちに漁獲する漁業を【栽培漁業】という。

- 日本の周辺には水深200mまでの【大陸棚】が広がっている。また，暖流と寒流が出合う【潮目】（潮境）となっているところがあり，好漁場となっている。

年間水揚量4万t以上の漁港(2021年)
農林水産省資料などより

水揚量の多い漁港と養殖のさかんな地域

ゼッタイに押さえるべきポイント ✏

□利根川の河口に位置する【銚子】港は，水揚量が日本有数の港であり，さまざまな種類の魚が水揚げされる。 （ラ・サール中など）

□静岡県の【焼津】港は，日本有数の水揚量をほこる遠洋漁業の基地であり，カツオやマグロの水揚量が多い。 （鷗友学園女子中など）

□鳥取県の【境】港は，日本海側で水揚量が最も多い。 （湘南白百合学園中など）

□北海道のサロマ湖や青森県の陸奥湾などではほたてが，東北地方の太平洋側の【三陸】海岸ではこんぶやわかめの養殖がさかんである。

□のりの養殖は，仙台湾や三河湾，九州地方の【有明海】でさかんである。

□広島湾では【かき】の養殖がさかんで，愛媛県の宇和海沿岸や三重県の志摩半島沿岸では【真珠】の養殖がさかんである。 （西大和学園中など）

□静岡県の【浜名】湖では，うなぎの養殖がさかんである。 （立命館中など）

□日本は漁獲高で世界第1位となったこともあるが，近年は大きく減っている。一方，水産物の【輸入】量はアメリカ合衆国，中国の次に多くなっている。

できたらスゴイ！

□暖流と寒流が出合う【潮目（潮境）】では海中で上昇流がおき，魚のえさとなるプランクトンが集まるため，好漁場となる。 （開智日本橋中など）

□海岸線から200海里（約370km）以内の水域を【排他的経済水域】といい，この範囲内の水産資源や鉱産資源は沿岸国に権利がある。各国が設定したため，日本の【遠洋漁業】は1970年代以降，大きな打撃を受けた。
（ラ・サール中・鷗友学園女子中など）

□水産業では働く人々の【高齢化】が進み，排他的経済水域の設定や資源保護のため漁獲量の制限が厳しくなったことなどから沖合漁業や遠洋漁業で働く人々の数は【減って】いる。 できたらスゴイ！ （立教女学院中など）

📖 入試で差がつくポイント　解説→p150

□日本周辺の海が好漁場である理由を2つあげなさい。（白百合学園中など）

例：①水深200mまでの大陸棚と呼ばれる海底が続いている。
　　②暖流と寒流が出合う潮目（潮境）がある。

要点をチェック✎

〈漁業種類別の水揚量〉

- 日本の水産業の水揚量は、かつて遠洋漁業と沖合漁業で全体の7割以上を占めていた。しかし、各国が【排他的経済水域】を設定したことや燃料費の値上がりなどにより、1970年代以降【遠洋漁業】は減少した。沖合漁業も1990年代以降減少したが、日本の水揚量全体も大きく減っているので、割合は増えている。

漁業種類別の水揚量 （農林水産省資料より）

- 近年は、【資源保護】の観点から「育てる漁業」の代表である【養殖業】の割合が増えている。

〈各国の漁業生産量の移り変わり〉

- 世界で最も漁獲量の多い国は【中国】である。

- 日本がさけ・ます以外に多く輸入している水産物は【えび】やまぐろである。

- 日本はえびをベトナムやインドから、まぐろを台湾や中国などから輸入している。

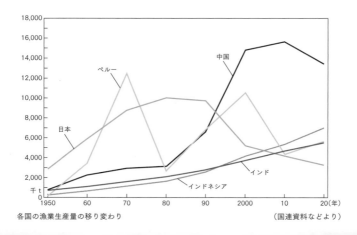

各国の漁業生産量の移り変わり （国連資料などより）

▪ 右のグラフは, 漁業種類別の漁獲量などの移り変わりを表している。①〜④に当てはまるものを, 次のア〜エから1つずつ選びなさい。また, Xが表しているものを, 漢字3字で答えなさい。

（海城中など）

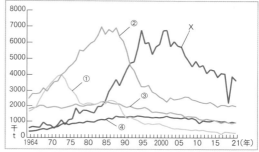

（農林水産省資料より）

ア 沿岸漁業（えんがんぎょぎょう）　イ 沖合漁業　ウ 遠洋漁業　エ 海面養殖業

①【ウ】　②【イ】
③【ア】　④【エ】　X【輸入量】

▪ 次のグラフは, 日本の魚介類の輸入先を表している。グラフ①〜③に当てはまる水産物を, 下のア〜オからそれぞれ選びなさい。　（早稲田中など）

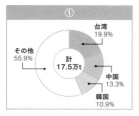
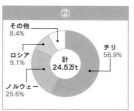

（いずれも2021年　財務省資料より）

ア まぐろ　イ たこ　ウ えび　エ さけ・ます　オ うなぎ

ヒント さけやますは比較的高緯度にある国々, えびは東南アジアの国々から輸入している。

①【ア】　②【エ】　③【ウ】

▪ 右のグラフは, いくつかの国の漁業生産量の移り変わりを示している。①〜④には, 日本, 中国, インド, ペルーのいずれかが当てはまる。②に当てはまる国はどこか, 答えなさい。

【中国】

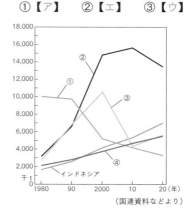

（国連資料などより）

25

〈要点をチェック〉

〈林業〉

- 森林には，天然林（自然林）と【人工林】，国有林・公有林と【私有林】，広葉樹林と針葉樹林などの分け方がある。

- 木曽ひのき，【秋田すぎ】，青森（津軽）ひばは，天然の三大美林といわれている。

- 天竜すぎ，尾鷲ひのき，【吉野すぎ】は人工の三大美林といわれている。

青森（津軽）ひば
（青森県）

秋田すぎ
（秋田県）

木曽ひのき
（長野県）

天竜すぎ
（静岡県）

尾鷲ひのき
（三重県）

吉野すぎ
（奈良県）

天然の三大美林と人工の三大美林

- 日本は木材の自給率は低く，約60％を輸入している。おもな輸入先は【カナダ】，アメリカ合衆国，オーストラリア，チリ，マレーシアなどである。

〈農業の課題〉

- 日本の農家1戸あたりの耕地面積や，農業で働く人1人あたりの耕地面積は，アメリカ合衆国などに比べるとせまい。ただし，北海道の農家1戸あたりの耕地面積は，それ以外の都府県に比べてかなり広く，それ以外の都府県では1.0ha未満の農家が多いが，北海道は10～30haの農家が中心である。

- 日本の食料自給率は約40％で，先進国の中でもかなり【低い】方である。日本がほぼ自給できているのは米と鶏の卵である。

- 1991年に行われた，牛肉やオレンジのように，農産物の輸入が自由化されると，国内の農家が大きな影響を受ける場合もある。

- 農業で働く人は全体として減り続けている。また，【高齢者】の割合が高くなる高齢化も進んでおり，若い【後継者】の不足が深刻化している。

- 65歳未満で農業を行った日数が年間60日以上の人がいる農家のうち，農業収入が全体の半分以上の農家を【主業農家】，半分以下の農家を【準主業農家】という。また，65歳未満で農業を行った日数が年間60日以上の人がおらず，農業収入が全体の半分以下の農家を【副業的農家】という（全体の約60％）。

- 地元で生産した農作物を地元で消費する【地産地消】の動きが広まっている。

ゼッタイに押さえるべきポイント ✏

□木曽ひのき，秋田すぎ，青森ひばを，【天然の三大美林】という。

(海陽中など)

□日本の食料自給率は約【40】％である。 (滝中など)

□農業，林業や水産業では，働く人が全体として減り続けており，高齢者の割合が増えていて，若い【後継者】が不足している。 (西大和学園中など)

□主業農家，準主業農家，副業的農家の中では，【副業的農家】が一番多く，約60％を占める。この割合は年々増えている。 (明星中など)

□1991年から，オレンジと【牛肉】の輸入自由化が行われ，国内の農家は大きな影響を受けた。 (横浜共立学園中など)

□その地域の農作物をその地域内で消費する取り組みのことを【地産地消】という。 (栄東中・逗子開成中など)

□農業を活性化するため，農業などの第1次産業に働く人が，第2次産業（製品加工）や第3次産業（流通・販売）まで行う，【第6次産業】化が進められている。 できたらスゴイ！ (栄東中など)

📖 入試で差がつくポイント 解説→p151

□近年，各国と結ばれる自由貿易協定は，国内の農家に大きな影響を与えるものと考えられ，協定に反対する声も多くあがってきている。この理由を，簡単に説明しなさい。 (江戸川女子中など)

> 例：安い農産物が輸入されるようになると，国内の農業が衰退するから。

□近年，林業で働く人の減少とともに，手入れの行き届かない放置林とよばれる人工林が増加している。放置林が引き起こす問題点を，防災の観点から簡単に説明しなさい。

> 例：大雨や台風などで土砂崩れが発生する危険が高くなる。

要点をチェック

〈木材の生産・輸入・消費〉

- 日本では，1970年以降，消費量に占める割合は，【国産】材より【輸入】材の方が多い。

- 林業では【植林】をしてから商品（製品）になるまで長い期間を必要とする。その成果が出始めた

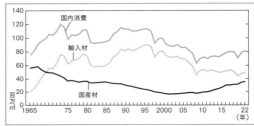

日本の木材供給の移り変わり　　　　（木材需給表より）

2000年代後半からは，【国産材】の生産も増えてきた。

〈食料自給率〉

- 米は，冷害により収穫量が少なかった1993年をのぞいて，ほぼ【自給】できている。

- 【野菜】は新鮮さが求められるので輸入は少ないが，それで

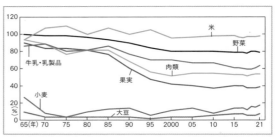

日本の食料自給率の移り変わり　　　（農林水産省資料などより）

も自給率は80％前後まで下がってきている。

- 【肉類】の自給率は，近年は50％を少し上回るくらいで安定しているが，その飼料のほとんどを輸入に頼っているので，実際の自給率はもっと低い。

- 【果実】の自給率は90％近くから40％近くまで下がっている。

- 小麦と【大豆】は自給率がとくに低く，近年は20％に満たない。

国名	食料自給率
フランス	131％
アメリカ合衆国	121
ドイツ	84
イギリス	70
イタリア	58
日本	38

（2019年　※日本のみ2021年度　国連資料などより）

- 右のグラフは，日本の農業従事者などの移り変わりを表している。これを説明した文として誤っているものを，次のア〜エから1つ選びなさい。

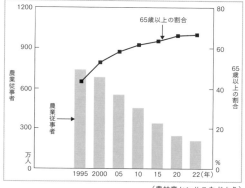

（農林業センサスなどより）

　ア　農業従事者の数は，減り続けている。

　イ　農業従事者の中で，2000年以降65歳以上の割合がすべて60％をこえている。

　ウ　農業従事者に占める65歳以上の人の割合は増え続けている。

　エ　農業従事者の数は，1995年に比べ2022年では半分以下になった。【イ】

- 次のグラフは，日本の農家数の内訳の移り変わりを表している。これを説明した文として誤っているものを，下のア〜エから1つ選びなさい。

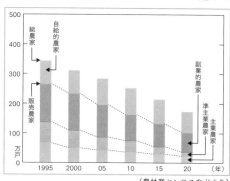

（農林業センサスなどより）

　ア　日本の農家数は，減り続けている。

　イ　2000年において，日本の農家でいちばん数が多いのは副業的農家である。

　ウ　2005年において，主業農家と準主業農家を合計した農家数は，副業的農家の数よりも少ない。

　エ　1995年から2020年までのすべてで，日本の総農家のうち，販売農家の合計は半分以下である。【エ】

要点をチェック

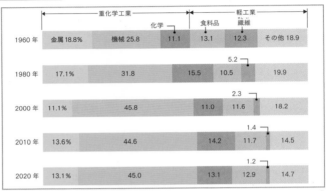

日本の工業生産の割合の変化　　　　　　（経済産業省資料より）

- 日本の工業は，第二次世界大戦前までは【繊維工業】を中心とする軽工業が中心であった。

- 第二次世界大戦後の1950年代半ばから1970年代初めにかけて，日本は【高度経済成長】の時期となり，機械工業などの重化学工業が発達した。

- 高度経済成長期，日本は原料や燃料を輸入し，これを製品に加工して輸出する【加工貿易】で発展してきた。

- 1973年の【石油危機】（オイルショック）によって世界の経済が大きな打撃を受け，日本の高度経済成長も終わった。

- 1980年代になると，アメリカ合衆国やヨーロッパ諸国から，日本の輸出が多く，自国の産業がおとろえるので輸出量を減らしてほしいと要求され，【貿易摩擦】と呼ばれる問題に発展した。自動車などの日本の企業は，相手国に工場を建設して【現地生産】を行った。

- 近年は，安い人件費などを求めて，工場の海外移転が進んだことにより，日本国内の製造業がおとろえる【産業の空洞化】が問題となった。

- 2008年に起きた【世界金融危機】で，それまで輸出が好調だった日本は大きな打撃を受けた。

- 最近では，海外の労働者の賃金が高くなったことなどを理由に，工場を日本国内へ戻す動きもみられるようになっている。

ゼッタイに押さえるべきポイント ✏️

□日本の工業は，第二次世界大戦前までは，繊維工業などの【軽工業】が中心であったが，第二次世界大戦後は，金属工業や機械工業，石油化学工業などの【重化学工業】が中心となった。

□1950年代半ばから1970年代初めにかけての高度経済成長期は，原料や燃料を輸入し，製品に加工して輸出する【加工貿易】がさかんであった。

□石油危機によって原油が値上がりすると，必要な原油の多くを輸入に頼る日本は大きな打撃を受け，1950年代半ばから続いた【高度経済成長】が終わった。

□円高が進むとともに，日本企業が，働く人の賃金や土地の値段が安いアジア諸国などに移転し，国内の産業がおとろえる【産業の空洞化】が起こった。
（湘南白百合学園中など）

□アメリカ合衆国やヨーロッパ諸国との貿易摩擦は，【自動車】や電気製品などを対象として起こった。
（湘南白百合学園中など）

📖 入試で差がつくポイント 解説→p151

□下のア～ウの文は，日本の工業の特徴について，①～③のそれぞれの時期について説明したものである。①～③の説明に当てはまるものを，ア～ウからそれぞれ選びなさい。

①1950年代半ばから1970年代初めにかけての高度経済成長期
②石油危機後の1980年代
③2008年以後

ア　原料や燃料を輸入し，これを製品に加工して輸出する加工貿易で発展した。

イ　貿易摩擦が発生し，日本の企業は，貿易摩擦の相手国に工場を建設して現地生産をするなどの対策をとった。

ウ　日本は世界金融危機で大きな打撃を受けた。

①【ア】　　②【イ】　　③【ウ】

工業の歴史・工業のすがた STEP2

要点をチェック✐

〈中小工場〉

- 日本の工業を, 事業所数（工場数）, 従業者数 （働いている人の数）, 製造品出荷額等 の3つから見ると, 事業所数はほとんどを【中小工場】が占めている。

- 従業者数は,【中小工場】が7割近くを占めている。

- 製造品出荷額等では,【大工場】と中小工場の占める割合は, ほぼ同じで, 大工場の方がやや高い。

- 従業員一人当たりの出荷額を見ると, 従業員数の多い工場ほど従業員一人当たりの出荷額も【多く】なる。

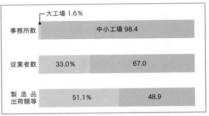

事業所規模別の構成比 （2020年 経済産業省資料より）

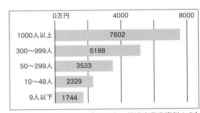

（2020年 経済産業省資料より）
事業所規模別の従業員一人当たりの出荷額

〈海外生産比率〉

- 貿易摩擦が起きた際, 日本の企業はアメリカ合衆国やヨーロッパ諸国など相手国に工場を建設して【現地生産】をおこなったり, 輸出の自主規制をすすめた。現地生産は, 当初は摩擦の対象となった【自動車】や電気機械が多かったが, 現在は自動車や【情報通信機械】が多くなっている。

- 世界各地に支社や営業所, 工場を持ち, 国境をこえて活動している企業を【多国籍企業】という。

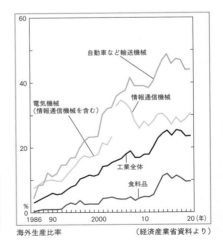

海外生産比率 （経済産業省資料より）

- 右の地図は，都道府県別の製造品出
荷額を表している。これを説明した
文として誤っているものを，次のア
〜エから選びなさい。

ア 愛知県の製造品出荷額がいちば
ん多い。

イ 関東地方，東海地方，山陽地方
の都県は製造品出荷額が多い。

ウ 北海道と沖縄県では，沖縄県の
方が製造品出荷額が多い。

エ 日本海側には，製造品出荷額が
少ない県が多い。

【ウ】

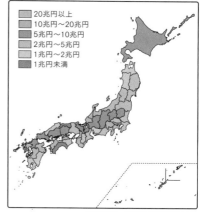

（2020年　経済産業省資料より）

都道府県別の製造品出荷額

- 次の表は，事業規模別に事業所数，製造品出荷額等，1人当たりの現金給与
をまとめたものである。①〜③に当てはまる従業者数を，ア〜ウからそれぞ
れ選びなさい。 （開成中など）

	事業所数	製造品出荷額等（億円）	1人当たりの現金給与（万円）
①	3430	1552539	587
②	43623	1157033	430
③	173859	325974	349

（2020年　経済産業省資料より）

ア 29人以下　　イ 30〜299人　　ウ 300人以上

①【ウ】　　②【イ】　　③【ア】

- 右のグラフは，おもな国の工業付加
価値額（工業によって生み出された
利益）を表したものである。①〜③
に当てはまる国を，ア〜ウからそれ
ぞれ選びなさい。

ア 日本　　イ 中国
ウ アメリカ合衆国

①【イ】　　②【ウ】　　③【ア】

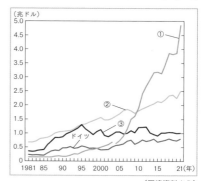

（国連資料より）

33

要点をチェック

- 工業は大きく，軽工業と【重化学工業】に分けられる。

- 製造に高度な技術や多くの資本を必要とせず，重量の軽い製品を生産する工業を【軽工業】という。製品は繊維製品，食料品，雑貨など，日常生活に用いられることが多い。

- 重化学工業のうち，製造に高度な技術や多くの資本を必要とし，重量の重い製品を生産する工業を【重工業】という。製品は金属製品や機械製品など，生産活動に利用されることが多い。

- 重化学工業のうち，化学反応を利用して製品を生産する工業を化学工業という。

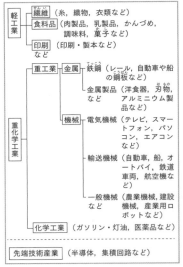

工業の種類

- 半導体や集積回路のように，重量が軽くても，とくに高度な技術を必要とする産業は【先端技術産業】と呼ばれる。

- 軽工業には，衣類などをつくる【繊維工業】，食料品工業，印刷工業などがふくまれる。

- 重工業には，鉄鋼や金属製品をつくる【金属工業】と機械工業がふくまれる。

- 古くからある地元の原材料や技術を利用して現在も続いている，地域性の強い工業を【伝統工業】（伝統産業）という。

- 伝統工業でつくられる製品のうち，特に優れた製品であるとして国（経済産業大臣）が指定したものを【伝統的工芸品】という。

- 東北地方や北陸地方では，農家の冬の【副業】として伝統工業が発達し，現在に受け継がれている。

- 日本の近代工業は，明治時代に官営工場がつくられたことにより，本格的に発展した。1872年に開業した群馬県の【富岡製糸場】や，日清戦争後につくられた福岡県の八幡製鉄所が，その代表である。

・・・・・・・・・・・ 問題演習 ・・・・・・・・・・・

ゼッタイに押さえるべきポイント

□日本では明治時代の中ごろ，まず紡績，製糸などの【軽工業】が発達した。

□明治時代後半に，官営の【八幡製鉄所】が建設されたことをきっかけに，鉄鋼・造船・機械などの重工業が発達した。

□金属工業，機械工業，化学工業を合わせて【重化学】といい，現在の日本の工業の中心となっている。

□糸や織物，衣類などをつくる【繊維工業】は，軽工業にふくまれる。

□肉製品，乳製品，お菓子，缶詰，調味料などをつくる【食料品工業】は，軽工業にふくまれる。

□陶磁器やセメントなどをつくる工業は【窯業】と呼ばれ，軽工業にふくまれる。
（立教新座中など）

□鉄道のレールや自動車に用いる鋼板をつくる工業は【金属工業】である。
（共立女子中など）

□ガソリンや灯油などをつくる工業は【化学工業】である。（四天王寺中など）

入試で差がつくポイント 解説→p151

□東北地方や北陸地方で，伝統的工芸品の生産が多い理由を「冬」という言葉を使って，簡単に説明しなさい。

例：雪が降って農作業が困難な冬の期間に，農家の副業として工芸品がつくられ，現在でも受け継がれているから。

□伝統工業で働く若い人は少なくなってきており，古くからの技術を将来へ受け継ぐことが難しくなってきている。伝統工業で若い後継者が不足している理由を，「技術」という言葉を使って，簡単に説明しなさい。

例：技術を修得するのに長い時間がかかるから。

日本の近代工業は，繊維工業に始まり，しだいに重化学工業，先端技術産業へと発展していったんだね。

要点をチェック

〈おもな伝統的工芸品〉

都道府県名	おもな伝統的工芸品	都道府県名	おもな伝統的工芸品
青森県	津軽塗	岐阜県	美濃焼，飛騨春慶塗
秋田県	大館曲げわっぱ	愛知県	常滑焼
山形県	天童将棋駒，置賜紬	三重県	伊賀くみひも
岩手県	南部鉄器，秀衡塗	滋賀県	信楽焼
宮城県	宮城伝統こけし，鳴子漆器	京都府	西陣織，清水焼，京友禅
福島県	会津塗	大阪府	堺打刃物
茨城県	笠間焼，結城紬	兵庫県	播州そろばん
栃木県	益子焼	奈良県	奈良筆
埼玉県	岩槻人形	島根県	雲州そろばん
東京都	江戸切子	広島県	熊野筆
神奈川県	箱根寄木細工	香川県	丸亀うちわ
新潟県	小千谷縮	高知県	土佐和紙
山梨県	甲州水晶貴石細工	福岡県	博多人形，久留米がすり
富山県	高岡銅器，越中和紙	佐賀県	伊万里焼・有田焼
石川県	九谷焼，輪島塗，加賀友禅	沖縄県	琉球びんがた

- 【伝統的工芸品】には200を超える製品が指定されている。
- おもな【漆器】…津軽塗，秀衡塗，鳴子漆器，会津塗，輪島塗など。
- おもな【陶磁器】…笠間焼，益子焼，九谷焼，美濃焼，常滑焼，有田焼など。
- おもな【織物】…置賜紬，結城紬，小千谷縮，京友禅など。
- 伝統的工芸品の生産や伝統工業で働く人の数は減ってきている。
- 【経済産業大臣】が認定する伝統的工芸品の指定を受けると【伝統マーク】の使用が許可され，【伝統証紙】を貼ることができる。
- 都道府県別では，【東京都】や【京都府】，新潟県で多くの工芸品が指定されている。

- 次の2つの表は，工業種類別の出荷額の移り変わりと，2019年におけるその工業の出荷額上位5位までの都道府県を表している。①～④に当てはまる工業の種類を，下のア～エからそれぞれ選びなさい。

単位：億円（経済産業省資料などより）

	製造品 出荷額等	食料品・飲料・ たばこ・飼料	繊維	①	化学	②
1960年	155,786	19,266	19,227	6,007	20,695	5,375
1970年	690,348	71,506	53,466	22,696	80,982	24,697
1980年	2,146,998	225,126	111,320	67,993	356,644	83,645
1990年	3,270,931	334,230	129,081	88,732	461,526	108,577
2000年	3,035,824	351,146	68,364	79,858	470,007	89,787
2010年	2,908,209	339,171	39,296	71,430	552,801	71,779
2019年	3,253,459	397,851	38,740	77,420	596,203	77,862
第1位	愛知県	北海道	愛知県	静岡県	千葉県	愛知県
第2位	神奈川県	静岡県	大阪府	愛媛県	兵庫県	岐阜県
第3位	静岡県	埼玉県	福井県	埼玉県	山口県	滋賀県
第4位	大阪府	愛知県	岡山県	愛知県	神奈川県	福岡県
第5位	兵庫県	兵庫県	滋賀県	北海道	静岡県	茨城県

	③	非鉄金属	金属製品	電気機械	④	その他の 機械
1960年	16,517	6,704	6,102	12,942	13,293	12,143
1970年	65,648	30,547	37,277	73,305	72,758	68,028
1980年	178,956	81,186	106,465	222,346	249,536	175,998
1990年	183,131	78,526	191,197	546,668	469,497	337,110
2000年	119,630	62,189	155,868	595,817	444,474	304,132
2010年	181,776	89,294	125,392	444,107	542,608	308,831
2019年	178,161	96,413	163,977	392,007	681,009	402,414
第1位	愛知県	大阪府	愛知県	愛知県	愛知県	愛知県
第2位	兵庫県	愛媛県	大阪府	静岡県	静岡県	兵庫県
第3位	千葉県	茨城県	兵庫県	三重県	神奈川県	大阪府
第4位	大阪府	埼玉県	茨城県	長野県	福岡県	神奈川県
第5位	広島県	大分県	埼玉県	兵庫県	群馬県	茨城県

ア　輸送機械　　　イ　鉄鋼　　　ウ　窯業・土石製品
エ　パルプ・紙など

①【エ】　　②【ウ】　　③【イ】　　④【ア】

要点をチェック

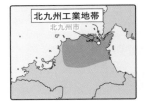

日本の工業地帯

- 【京浜】工業地帯は東京都から神奈川県にかけ
  ての東京湾西岸を中心に広がっている。

- 【中京】工業地帯は愛知県を中心に，三重県東
  部や岐阜県南部にまで広がっている。

- 【阪神】工業地帯は兵庫県から大阪府にかけて
  の大阪湾岸を中心に広がっている。

- 北九州工業地帯を加えて四大工業地帯と呼んでいたが，現在は京浜工業地帯,
  中京工業地帯，阪神工業地帯の3つを【三大工業地帯】と呼ぶこともある。

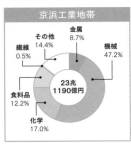
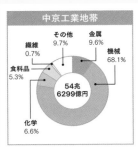
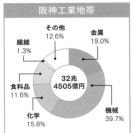

工業地帯の製造品出荷額等

- 中京工業地帯は，【機械】工業の割合がとくに高い。
  その中心は，豊田市を中心とする【自動車】工業
  である。

- 阪神工業地帯は，他の工業地帯と比べると機械工
  業の割合は低く，【金属】工業の割合が高い。また，
  内陸部に日用品や雑貨類をつくる中小工場が多
  く，工場数が多い。

（いずれも2020年　経済産業省資料より）

ゼッタイに押さえるべきポイント ✎

□京浜工業地帯は，近年，内陸にも工場が進出して機械工業がさかんになっているが，古くから出版や【印刷】工業が発達していることも特徴である。

（お茶の水女子大学附属中など）

□【中京】工業地帯は，工業地帯の中で製造品出荷額等が最も多い。

□愛知県の【豊田】市は，自動車工業がさかんで，10兆円をこえる製造品出荷額等のうち，輸送用機械器具が約9割を占める。　（ラ・サール中など）

□中京工業地帯の四日市市などには，第二次世界大戦後に【石油化学】工業のコンビナートが多く建設された。　（早稲田大学高等学院中学部など）

□中京工業地帯の内陸部の愛知県瀬戸市や岐阜県多治見市では，陶磁器をつくる【窯業】が発達している。　（聖光学院中など）

□阪神工業地帯は，四大工業地帯の中で最も【金属】工業の割合が多い。

（逗子開成中など）

□阪神工業地帯は，内陸部に【日用品】や雑貨類をつくる中小工場が多い。

□【北九州工業地帯】は国内の石炭産業のおとろえや，原料の輸入先の変化によって立地上の好条件を失ったことなどを理由に，その地位が大きく低下した。 ＜できたらスゴイ！＞

📖✏ 入試で差がつくポイント　解説→p151

□第二次世界大戦後，日本の工業地帯は臨海部を中心に発達した。その理由を，「工業原料」という言葉を用いて，簡単に説明しなさい。

例：日本は工業原料の多くを輸入にたよっていたから。

□阪神工業地帯について述べた文として当てはまるものを，次のア～エから1つ選びなさい。　（逗子開成中など）

ア　IC（集積回路）などの生産がさかんで，周辺の地域とともにシリコンアイランドと呼ばれている。

イ　他の工業地帯に比べて中小工場が多く，金属工業の割合が高い。

ウ　他の工業地帯に比べて，出版・印刷工業がさかんである。

エ　工業地帯の中でも，製造品出荷額等が最も大きい。　【イ】

要点をチェック

〈四大工業地帯と全国〉

- 日本全国では，機械工業の割合が大きく，四大工業地帯もそれぞれ【機械工業】の割合が最も大きい。

- 工業地帯の中で製造品出荷額が最も多いのは【中京】工業地帯である。

- 北九州工業地帯は食料品工業の割合が，他の工業地帯に比べて高い。

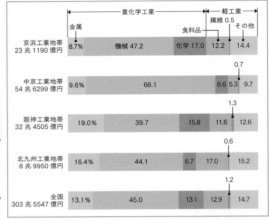

	重化学工業			軽工業	
	金属	機械	化学	食料品	繊維 / その他
京浜工業地帯 23兆1190億円	8.7%	機械 47.2	化学 17.0	12.2	繊維 0.5 / その他 14.4
中京工業地帯 54兆6299億円	9.6%	68.1	6.6	5.3	0.7 / 9.7
阪神工業地帯 32兆4505億円	19.0%	39.7	15.8	11.6	1.3 / 12.6
北九州工業地帯 8兆9950億円	16.4%	44.1	6.7	17.0	0.6 / 15.2
全国 303兆5547億円	13.1%	45.0	13.1	12.9	1.2 / 14.7

四つの工業地帯と全国の製造品出荷額　　（2020年　経済産業省資料より）

〈特徴のある工業がさかんな都市〉

- 神奈川県横浜市…自動車工業
- 東京…印刷業
- 愛知県東海市…鉄鋼業
- 大阪府門真市…電気機械工業
- 大阪府泉大津市…繊維工業
- 福岡県苅田町…自動車工業

- 神奈川県川崎市…鉄鋼業・石油化学工業
- 愛知県豊田市…自動車工業
- 三重県四日市市…石油化学工業
- 大阪府堺市…石油化学工業
- 福岡県北九州市…鉄鋼業
- 福岡県久留米市…ゴム工業

製造品出荷額は，中京工業地帯が最も多いんだね。

都市の名前を問われることもあるから，特徴のある都市は位置と名前，さかんな工業を押さえておこうね。

- 次のグラフは，京浜工業地帯・中京工業地帯・阪神工業地帯の工業製品出荷額に占める割合の移り変わりを表している。①～③に当てはまる工業地帯を下のア～ウからそれぞれ選んで，記号で答えなさい。(豊島岡女子学園中など)

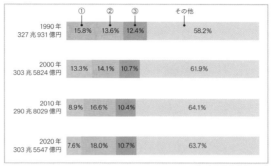

（経済産業省資料より）

ヒント 次第に増えている工業地帯，次第に減っている工業地帯に注目する。

ア　京浜工業地帯　　　イ　中京工業地帯　　　ウ　阪神工業地帯

①【ア】　　②【イ】　　③【ウ】

- 次のグラフは，京浜工業地帯・中京工業地帯・阪神工業地帯などの製造品出荷額，工場数，働いている人の数の割合を表したものである。このうち，阪神工業地帯に当てはまるものを，グラフ中のア～ウから選びなさい。

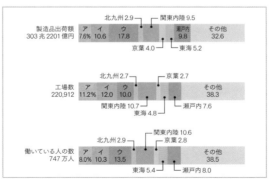

注：工場数・働いている人の数は従業者4人以上の工場調査。
（2021年　経済産業省資料より）

ヒント 製造品出荷額，工場数がポイント。

【イ】

要点をチェック

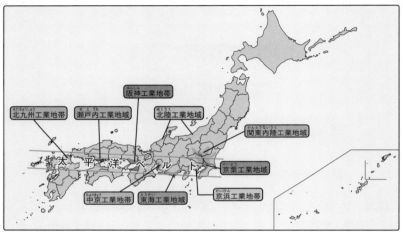

工業地帯・工業地域

- 【関東内陸】工業地域は北関東工業地域ともいい，組み立て型の機械工業がさかん。→広い敷地につくられた【工業団地】で行われているものが多い。

- 京浜工業地帯に続く形で，東京湾東岸の千葉県側に【京葉】工業地域が発達している。→鉄鋼業や石油化学工業がさかん。

- 【東海】工業地域は，静岡県の太平洋岸に発達している。→紙・パルプ工業や自動車工業がさかん。

- 日本海に面する新潟県・富山県・石川県・福井県の4県に【北陸】工業地域が発達している。→重化学工業の他，伝統工業もさかん。

- 【瀬戸内】工業地域は，瀬戸内海に面した岡山県・広島県・山口県・香川県・愛媛県の5県に発達している。→鉄鋼業や石油化学工業などがさかん。岡山県倉敷市の【水島】地区などには石油化学コンビナートが形成されている。

- 福岡県の北部に【北九州】工業地帯が発達している。→明治時代に建設された官営の八幡製鉄所を中心に発展してきた。北九州工業地域と呼ばれることもある。

- 関東地方から九州地方北部にかけて，工業が帯状に発達している地域を【太平洋ベルト】と呼ぶ。→工業だけでなく人口や交通機関なども集中している。

ゼッタイに押さえるべきポイント ✎

☐関東内陸工業地域（北関東工業地域）にふくまれる群馬県では，高速道路沿いに工場が進出し，内陸部に工業団地が形成された。組み立て型の【機械】工業がさかんで，とくに自動車工業がさかんである。

（慶應義塾湘南藤沢中等部など）

☐化学工業のさかんな工業地域としては，【京葉】工業地域と瀬戸内工業地域があげられる。 （海城中など）

☐【東海】工業地域にふくまれる富士市では紙・パルプ工業が，浜松市では楽器やオートバイの製造がさかんである。 （江戸川女子中など）

☐北陸工業地域では【伝統】工業がさかんで，輪島塗，九谷焼，越前和紙などの伝統的工芸品が有名である。

☐岡山県倉敷市の【水島】地区では，石油化学工業が発達し，かつては大気汚染が問題となった。 （フェリス女学院中など）

☐北九州工業地帯は，明治時代につくられた官営の【八幡製鉄所】を中心に発展してきたため，鉄鋼業がさかんであった。現在は自動車工業や【IC】（集積回路）などの機械工業がさかんである。

☐関東地方から九州北部にかけて工業が広がる地域を【太平洋ベルト】と呼ぶ。

（東京学芸大学附属世田谷中など）

📖 入試で差がつくポイント　解説→p151

☐第二次世界大戦後，日本の工業地帯や工業地域は，おもにどのような場所に発達したか。簡単に説明しなさい。

例：太平洋ベルトと呼ばれる海岸沿いの地域に発達した。

☐内陸にある関東内陸工業地域が発展した理由を，「誘致」「高速道路」という言葉を用いて，簡単に説明しなさい。 （淑徳与野中など）

例：高速道路が整備されて交通の便がよくなり，その近くに広い土地が確保できたことを背景に，自治体などが工業団地をつくって工場を誘致したため。

要点をチェック

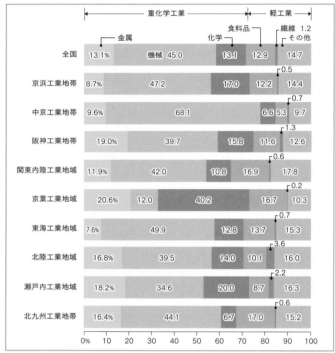

工業地帯・工業地域の製造品出荷額等の割合　　　（2020年 経済産業省資料より）

- 日本で最も製造品出荷額が多い工業地帯・工業地域は【中京工業地帯】である。
- 関東内陸（北関東）工業地域で，製造品出荷額に占める割合が大きいのは【機械】工業である。
- 京葉工業地域は他の工業地帯・工業地域に比べ，製造品出荷額に占める【化学】工業の割合が大きい。→市原市などでさかん。
- 北陸工業地域の新潟市や富山市では化学工業が発達している。
- 瀬戸内工業地域は他の工業地帯・工業地域に比べ，製造品出荷額に占める【化学】工業の割合が大きい。→岡山県倉敷市の【水島】地区で石油化学工業や鉄鋼業，広島県福山市で鉄鋼業，広島県広島市で【自動車】工業がさかんである。

▪ 次のグラフは，日本のおもな工業地帯・工業地域の製造品出荷額等を工業種類別に表したものである。これを見て，下のア〜オの文から正しいものを3つ選び，記号で答えなさい。

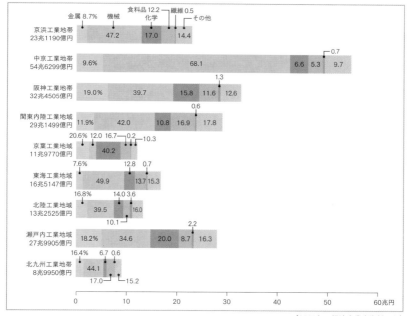

（2020年　経済産業省資料より）

ア　工業地帯・工業地域の中で，機械工業の割合が一番高いのは中京工業地帯である。

イ　東海工業地域の機械工業の生産額は，京浜工業地帯の機械工業の生産額より多い。

ウ　京葉工業地域の化学工業の生産額は，瀬戸内工業地域の化学工業の生産額より多い。

エ　北九州工業地帯の生産額は，すべての工業地帯・工業地域の中で一番少ない。

オ　阪神工業地帯の生産額は，中京工業地帯の生産額より少なく，北陸工業地域の生産額より多い。

【ア，エ，オ】

テーマ20
日本の運輸・交通 STEP1

要点をチェック ✏️

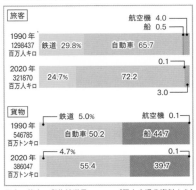

国内の旅客・貨物輸送量 　（国土交通省資料より）

（2023年12月）

新幹線網

- 国内の旅客輸送でも貨物輸送でも【自動車】の割合がいちばん高い。

> ### 〈それぞれの交通手段の特長〉
> - 鉄道：旅客・貨物とも輸送時間が正確で，大量に輸送できるという利点がある。
> - 自動車：荷物の積み替えなしに戸口から戸口への輸送が可能である。
>   →【宅配便】などの貨物輸送が急速に普及した。
> - 船：輸送時間がかかるが，工業原料など重量の重いものを遠くまで運ぶのに適している。
> - 航空機：長距離を短時間で運べるので，新鮮さが求められるものの輸送に適する。→しかし，大量には運べず，コストも高い。

- 新幹線は，1964年，東京駅—新大阪駅間に開業した【東海道新幹線】が最初。
- 【北海道新幹線】は2016年に開業し，東北新幹線の新青森駅から青函トンネルを通って北海道の新函館北斗駅までの区間を結んでいる。
- 航空路が放射状にのびている航空網の拠点となっている空港を【ハブ空港】という。
- 【過疎化】の進行で人口が減り，鉄道やバスなどの公共交通機関が廃止され，生活に大きな影響が出ている地域もある。

ゼッタイに押さえるべきポイント ✏️

□交通手段は距離によって使い分けられる。旅客輸送での鉄道・新幹線・航空機の使い分けをみると，大都市圏内の通勤・通学など近距離の場合は，おもに【鉄道】やバスなどが用いられるが，中・長距離になると【新幹線】が，さらに長距離になると【航空機】の利用が増える。　　（東邦大東邦中など）

□貨物輸送では，旅客輸送に比べて，工業原料などの重いものを運ぶのに適している【船】の割合が大きくなる。

□実際の移動距離ではなく，時間によって測られる距離を【時間距離】という。新幹線や航空機，高速道路など高速で移動できる手段が増え，日本国内の時間距離はおおはばに短縮されている。 できたらスゴイ！（豊島岡女子学園中など）

□自動車（トラック）による貨物輸送の一部を，鉄道や船による輸送へ切りかえようという動きを，【モーダルシフト】という。　　　　　　（芝中など）

📖 入試で差がつくポイント 解説→p152

□近年，自動車（トラック）による貨物輸送を，鉄道や船による輸送へ切りかえようとする動きがみられる。その理由を，切りかえることによる利点から2つ，簡単に説明しなさい。

> 例：①道路の交通渋滞をなくすことにつながる。
> 　　②二酸化炭素の排出を減らし，地球温暖化を防ぐことにつながる。

□近年，宅配便業者が配達の時間指定のしくみを変更したり，当日の再配達の受付に制限を設けるといった動きが見られる。その理由を，「荷物」，「不足」という言葉を使って，簡単に説明しなさい。

> 例：荷物の取り扱い量が増えて，人手不足となっているから。

コンテナという大きな箱を使うと，鉄道・船・トラックの間の積み替えが楽だよ。

液体を輸送する専用の船をタンカーというよ。石油タンカー，LNG船（LNGタンカー）などがあるね。

要点をチェック ✏

〈高速道路網の整備〉

- 日本の高速道路は，名神高速道路や，東京と名古屋を結ぶ【東名高速道路】など，東京と阪神方面を結ぶ東海道に，まず建設された。

- その後，東北自動車道，中央自動車道，中国自動車道，九州自動車道など，現在の幹線となる路線が相次いで開通し，日本全国に高速道路網が広がっている。

おもな高速道路 （高速道路便覧などより）

〈日本のおもな航空路線と輸送量〉

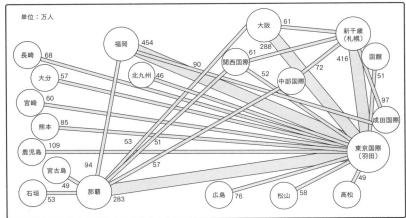

日本のおもな航空路線と輸送量 （2021年度　国土交通省資料より）

- 最も利用者数の多い路線は東京～【福岡】間，2番目は東京～【札幌】間。

- 次の表は，輸送機関別の平均輸送人員（旅客輸送でかつ国内輸送）を示したものである。①～④に当てはまる輸送機関を，下のア～エからそれぞれ1つずつ選び，記号で答えなさい。 （攻玉社中など）

輸送機関	平均輸送人員（100万人）
①	80
②	25190
③	5800
④	102

（2019年　国土交通省資料より）

ア　鉄道　　　イ　自動車　　　ウ　旅客船　　　エ　航空機

①【ウ】　　②【ア】　　③【イ】　　④【エ】

- 次の表は，日本の主要空港ごとに，日本に入国した外国人の地域・国籍別の人数とその割合を示したものである。表中の①～④に当てはまる空港を，下のア～エからそれぞれ1つずつ選び，記号で答えなさい。 （立教新座中など）

			①	関西空港	②	③	中部空港	新千歳空港	④
国籍・地域別の内訳（%）	アジア	アジア全体	75.2%	90.0%	52.9%	97.3%	95.2%	95.4%	93.3%
		中国	9.9%	3.6%	2.3%	0.7%	2.3%	1.4%	0.5%
		台湾	6.5%	9.6%	8.2%	6.5%	6.2%	19.6%	36.6%
		香港	4.3%	10.1%	4.3%	5.0%	5.1%	11.9%	28.0%
		韓国	17.8%	38.1%	11.5%	64.6%	13.2%	41.7%	26.0%
	ヨーロッパ		8.1%	4.4%	18.6%	1.0%	1.7%	1.4%	2.5%
	アフリカ		0.8%	0.2%	0.3%	0.0%	0.1%	0.0%	0.0%
	北アメリカ		11.9%	3.1%	20.8%	1.3%	2.2%	1.8%	3.5%
	南アメリカ		1.6%	0.9%	1.5%	0.0%	0.4%	0.0%	0.0%
	オセアニア		2.4%	1.4%	5.9%	0.3%	0.5%	1.3%	0.6%
入国者総数			175万2891人	88万5470人	81万6445人	40万1011人	15万2490人	13万3942人	4万8648人

（2022年　法務省資料より）

ア　東京国際空港（羽田空港）　　　イ　成田国際空港
ウ　福岡空港　　　　　　　　　　　エ　那覇空港

①【イ】　　②【ア】　　③【ウ】　　④【エ】

要点をチェック

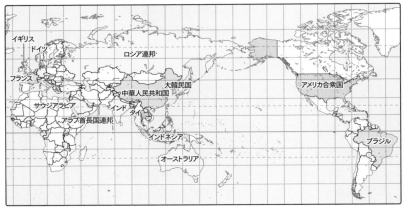

日本と関わりの深い世界の国々

- 日本は【ロシア連邦】との間に北方領土の問題をかかえている。

- 日本は【サウジアラビア】やアラブ首長国連邦など，西アジアの国々から多くの石油を輸入している。

- 【大韓民国（韓国）】は九州との距離が近い，朝鮮半島の北緯38度より南側の国である。

- 中華人民共和国（中国）は海岸沿いに外国企業を受け入れる【経済特区】を設けている。近年まで一人っ子政策を行っていた。

- 【ブラジル】には明治時代以降，多くの日本人が移民として渡り，現在も多くの【日系人】が住んでいる。→ポルトガル語が公用語。

- オーストラリアは【南半球】に位置するので，日本と季節は逆になる。日本は石炭，【鉄鉱石】，液化天然ガスなど多くの資源を輸入している。

- 【アメリカ合衆国】は，日本と関係が深い国で，日米安全保障条約によって，アメリカ軍の基地が日本各地にある。

- 【インド】は人口が多い国で，国民の多くは【ヒンドゥー】教を信仰している。西アジアやインドネシアでは【イスラム】教が，タイでは【仏】教が広く信仰されている。

ゼッタイに押さえるべきポイント ✏️

□18世紀後半，世界で最初に産業革命が起きたのは【イギリス】である。 できたらスゴイ!

□フランスは，各国と共同で航空機を製造するなど工業がさかんだが，小麦や果樹の生産量も多く，ヨーロッパ最大の【農業国】でもある。 できたらスゴイ!

□ドイツは，【ルール】地方を中心に重化学工業が発達したヨーロッパ最大の【工業国】である。冷戦の影響で東西2つに分裂していたが，1989年にベルリンの壁が崩壊し，翌年統一された。 できたらスゴイ!

□アラビア半島にあるサウジアラビアやアラブ首長国連邦では，国民の多くが【イスラム】教を信仰している。

□インドは人口が多く，また，国民の多くが【ヒンドゥー】教を信仰している。
（清風中など）

□インドネシアでは【石油】や天然ガスが多く産出される。 できたらスゴイ!
（立命館守山中など）

□【タイ】はヨーロッパ諸国の植民地にならなかった。国民の多くが仏教を信仰している。 できたらスゴイ!

□韓国は北緯【38】度付近で，北側の朝鮮民主主義人民共和国（北朝鮮）と接している。

□ブラジルは南アメリカ大陸の中でただ1国，【ポルトガル】語を公用語としている。 （浅野中など）

□【オーストラリア】はかつて白豪主義を採用し，ヨーロッパ系以外の移民を制限していたが，現在はアジア諸国からの移民を多く受け入れ，多文化社会となっている。 できたらスゴイ! （親和中など）

□【中華人民共和国】（中国）は，人口が世界一の国で，人口の増加を抑えるため，【一人っ子】政策を行ってきた。 （慶應義塾普通部など）

📖 入試で差がつくポイント　解説→p152

□韓国はシンガポール，台湾，ホンコンとともにアジアNIESと呼ばれている。アジアNIESとは何か，簡単に説明しなさい。

　例：NIESとは新興工業経済地域のことで，急速に工業が発達した国や地域を指す。

要点をチェック

〈中国の農業と工業〉

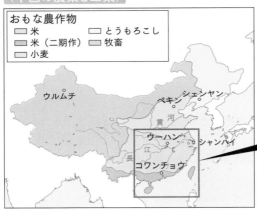

おもな農作物
- □ 米
- □ 米（二期作）
- □ 小麦
- □ とうもろこし
- □ 牧畜

ウルムチ
ペキン シェンヤン
黄河
ウーハン シャンハイ
江
コワンチョウ
長江

中国の農業と工業

- 工業化が進み，沿岸部と，内陸部との経済格差が大きな問題となっている。

□ …経済特区

アモイ
スワトウ
シェンチェン
チューハイ
ハイナン省

〈アメリカ合衆国の農業と鉱工業〉

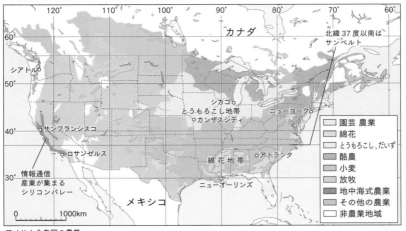

カナダ
北緯37度以南はサンベルト
シアトル
シカゴ
とうもろこし地帯
ニューヨーク
カンザスシティ
サンフランシスコ
ロサンゼルス
綿花地帯
アトランタ
情報通信産業が集まるシリコンバレー
ニューオーリンズ
メキシコ
0 1000km

- □ 園芸農業
- □ 綿花
- □ とうもろこし，だいず
- □ 酪農
- □ 小麦
- □ 放牧
- ■ 地中海式農業
- ■ その他の農業
- □ 非農業地域

アメリカ合衆国の農業

- 鉱産資源はおもに，東部のアパラチア山脈周辺では【石炭】，五大湖西岸では【鉄鉱石】，南部やメキシコ湾岸では【石油】を産出する。

▪ 次の①〜⑤の文章が説明している国を下の地図中のア〜オから選んでそれぞれ記号で答え、さらにその国名と首都名も答えなさい。　　　　（開成中など）

① ヨーロッパ最大の工業国で，多くの国を流れる国際河川であるライン川沿いに工業地帯が発達している。日本の東日本大震災を受け，原子力発電からの撤退を決めた。

② 人口増加をおさえる一人っ子政策は廃止した。PM2.5や黄砂など，国境を越えた環境問題が日本に影響を与えている。

③ 星条旗と呼ばれる国旗を持つ。貿易で日本と密接な関係にあり，かつては貿易摩擦も起きた。ジーンズなどの衣服や音楽など，文化面でも大きな影響を受けている。

④ 首都近くの空港はアジアのハブ空港として発展がめざましい。日本とも近い距離に位置するが，竹島の帰属をめぐって対立している。

⑤ 日本のほぼ真南に位置する国で，現在は多くの移民を受け入れて，多文化が混じり合う社会を形成している。日本はこの国から石炭や鉄鉱石，小麦などを多く輸入している。

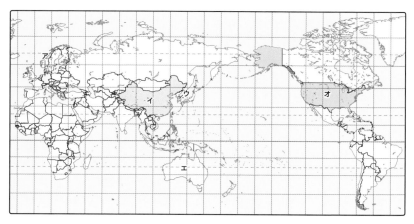

① 【記号：ア，国名：ドイツ，首都名：ベルリン】

② 【記号：イ，国名：中華人民共和国，首都名：ペキン】

③ 【記号：オ，国名：アメリカ合衆国，首都名：ワシントンD.C.】

④ 【記号：ウ，国名：大韓民国，首都名：ソウル】

⑤ 【記号：エ，国名：オーストラリア，首都名：キャンベラ】

要点をチェック

原油の輸入先

石炭の輸入先

鉄鉱石の輸入先

（いずれも財務省資料などより）

- 1960年代，国の政策の影響もあり，エネルギー源の中心が石炭から【石油】に変わった。これを【エネルギー革命】という。

- 1973年，第四次中東戦争をきっかけに，石油産出国が石油価格の値上げをしたため，世界の経済が混乱した。→【石油危機】（オイルショック）

- 地球上にわずかしか存在しないか，または取り出すことがむずかしい金属を【レアメタル】（希少金属）という。→先端技術産業に欠かせない。

- 日本のエネルギー供給割合は，【石油】，石炭，天然ガスの順に多いが，近年，【天然ガス】の割合が増えている。→天然ガスは二酸化炭素の排出量が石油・石炭に比べて少ない。

日本のエネルギー供給割合

- 日本のエネルギー別発電量の割合を見ると，【火力発電】が圧倒的に多い。→港があり燃料輸送に便利で，大消費地である大都市の近くに火力発電所の多くが立地している。

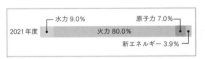

日本のエネルギー別発電量割合

- 水力発電所は山地に立地することが多い。→ダムを利用して発電するため。

- 原子力発電所は，大都市から遠い地域の臨海部に立地することが多い。→発電に大量の冷却水が必要なため。

- 自然のエネルギーを利用した【再生可能エネルギー】が，近年注目を浴びている。→地熱発電，風力発電や太陽光発電など。

ゼッタイに押さえるべきポイント ✐

□石油は【サウジアラビア】やアラブ首長国連邦, カタール, クウェートなど【西アジア】の国々からの輸入が多い。　　　　　　　（須磨学園中など）

□石炭と鉄鉱石は, どちらも【オーストラリア】からの輸入が最も多い。
　　　　　　　　　　　　　　　　　　　　　　　　　　　（青山学院中等部など）

□石炭は【インドネシア】, 鉄鉱石は【ブラジル】からの輸入がオーストラリアに次いで多い。　　　　　　　　　　　　　　　（東洋英和女学院中学部など）

□ボーキサイトは【アルミニウム】の原料で, 精錬に大量の電力を必要とする。国内ではアルミニウムの生産は現在行われていないが, リサイクルによる生産は行われている。　　　　　　　　　　　　　　　　　　（洗足学園中など）

□日本は,【火力発電】の燃料として必要な石油や石炭の多くを輸入している。このため, 火力発電所は大きな港があり, 消費地でもある大都市の近くに, 立地することが多い。　　　　　　　　　　　　　　　　　　（城北埼玉中など）

□【水力発電】はダムを利用して発電を行う。そのため, 水力発電所は山地に立地することが多い。　　　　　　　　　　　　　　　　　　（日本大学中など）

□原子力発電所は冷却用の海水を得やすい, 大都市から遠い地域の【臨海部】に立地することが多い。　　　　　　　　　　　　　　　　　（城北埼玉中など）

□さとうきびやとうもろこしなどの農作物からつくられる【バイオマス】エネルギーは, 日本ではあまり普及していない。　　　　　　　（山手学院中など）

📖 入試で差がつくポイント　解説→p152

□日本のエネルギー別発電量の割合を見ると, 近年天然ガスの割合が増えている。この理由を, 簡単に説明しなさい。

> 例：天然ガスは, 石油や石炭に比べて二酸化炭素の排出量が少なく, 環境に優しいから。

□風力発電など, 再生可能エネルギーによる発電方法の欠点を, 化石燃料による火力発電の利点と比べて, 簡単に説明しなさい。（学習院中等科など）
ヒント 発電量の安定という点に注目する。

> 例：化石燃料による火力発電は, 気象や環境に左右されにくいため発電量が安定しやすい。一方で, 風力発電などは, 気象に左右されるため発電量が安定しにくい。

要点をチェック

〈日本のエネルギー供給割合の変化〉

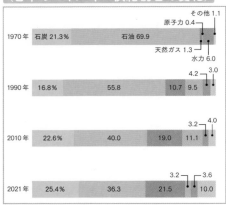

日本のエネルギー供給割合の変化　（資源エネルギー庁資料より）

• かつては石炭がエネルギーの中心であったが，石油が安く大量に輸入できるようになり，石油がエネルギーの中心となった。その後，二度にわたるオイルショックをきっかけに原子力や天然ガスなど石油以外のエネルギーを利用する割合が増えた。

〈日本のエネルギー別発電量の割合の変化〉

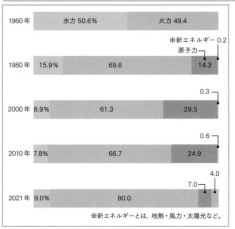

※新エネルギーとは，地熱・風力・太陽光など。

（資源エネルギー庁資料より）

日本のエネルギー別発電量の割合の変化

• 2011年に発生した東日本大震災による，福島第一原子力発電所の事故をきっかけに原子力発電の割合が大きく低下した。

> 2010年と2016年を比べると原子力発電の割合が大きく変化していることに注目しよう。

▪ 次のグラフは，おもな国の発電量の内訳を示している。このグラフの①〜④に当てはまる国を，下のア〜エから1つずつ選びなさい。　　　（浅野中など）

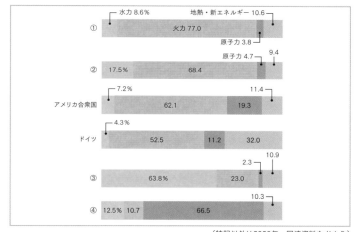

（特記以外は2020年　国連資料などより）

おもな国の発電量の内訳

ア　中国　　　イ　日本　　　ウ　ブラジル　　　エ　フランス

①【イ】　　②【ア】　　③【ウ】　　④【エ】

▪ 右の地図は日本の火力・水力・原子力発電所の各分布を示している。このうち，①・②に当てはまる発電所の種類を，それぞれ答えなさい。また，そのように答えた理由を，発電所の位置に着目してそれぞれ簡単に説明しなさい。　　　（城北中など）

① ［ 種類：火力発電所　理由：おもに大都市や大きな港の近くに立地しているから。 ］

② ［ 種類：水力発電所　理由：おもに山間部に立地しているから。 ］

（2021年　電気事業便覧などより）

日本のおもな発電所の分布

要点をチェック

- 日本はかつて，原料や燃料を輸入し，これを工業製品に加工して輸出する【加工貿易】を行っていた。

- 1990年代から日本国内の工場の海外移転が進んだ結果，日本から輸出された機械や部品を使って海外で生産された製品を日本が多く輸入するようになり，加工貿易の形はくずれてきている。

- 日本の最大の貿易相手国は，アメリカ合衆国から【中国】に変わった。

- かつて，日本が多く輸出していた自動車・繊維品・半導体などに関して，アメリカ合衆国やヨーロッパ諸国との間で，【貿易摩擦】が起きた。

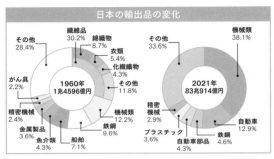

日本の輸出品の変化

1960年 1兆4596億円
繊維品 30.2%／綿織物 8.7%／衣類 5.4%／化学織物 4.3%／その他 11.8%／機械類 12.2%／鉄鋼 9.6%／船舶 7.1%／魚介類 4.3%／金属製品 3.6%／精密機械 2.4%／がん具 2.2%／その他 28.4%

2021年 83兆914億円
機械類 38.1%／自動車 12.9%／鉄鋼 4.6%／自動車部品 4.3%／プラスチック 3.6%／精密機械 2.9%／その他 33.6%

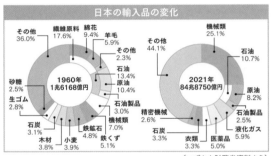

日本の輸入品の変化

1960年 1兆6168億円
繊維原料 17.6%／綿花 9.4%／羊毛 5.9%／その他 2.3%／石油 13.4%／原油 10.4%／石油製品 3.0%／機械類 7.0%／鉄くず 5.1%／鉄鉱石 4.8%／小麦 3.9%／木材 3.8%／石炭 3.1%／生ゴム 2.8%／砂糖 2.5%／その他 36.0%

2021年 84兆8750億円
機械類 25.1%／石油 10.7%／原油 8.2%／石油製品 2.5%／液化ガス 5.9%／医薬品 5.0%／衣類 3.3%／石炭 3.3%／精密機械 2.6%／その他 44.1%

（いずれも財務省資料より）

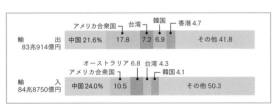

輸出 83兆914億円	中国 21.6%	アメリカ合衆国 17.8	台湾 7.2	韓国 6.9	香港 4.7	その他 41.8
輸入 84兆8750億円	中国 24.0%	アメリカ合衆国 10.5	オーストラリア 6.8	台湾 4.3	韓国 4.1	その他 50.3

（2021年 財務省資料より）

日本のおもな貿易相手先

- 貿易で，輸出額が輸入額よりも多い状態を【貿易黒字】という。反対に，輸出額が輸入額よりも少ない状態を【貿易赤字】という。日本は東日本大震災が発生した2011年以降，貿易赤字の状態が続いていたが，2016年には貿易黒字へと回復した。

ゼッタイに押さえるべきポイント ✏

□日本は第二次世界大戦前，繊維品（せんいひん）を多く輸出していたが，現在は【機械類】や自動車の輸出が多い。

□日本は第二次世界大戦前，繊維原料を多く輸入していたが，現在は【石油】や液化ガスなどの燃料，機械類の輸入が多い。

□現在の日本では，【機械類】が輸出・輸入ともに多い。

□中国や韓国からの輸入についてみると，主要な輸入品のうち，【機械類】が占める割合が最も大きい。　　　　　　　　　　　　　　　（開成中など）

□アルプス山脈中にある【スイス】から，日本は時計や医薬品を輸入し，宝石や自動車を輸出している。　◀できたらスゴイ!　　　　　　　（聖光学院中など）

□日本はフランスから，酒の一種である【ワイン】を多く輸入している。
　　　　　　　　　　　　　　　　　できたらスゴイ!

□日本はチリから銅鉱を，フィリピンやエクアドルから果物の【バナナ】を多く輸入している。◀できたらスゴイ!

📖 入試で差がつくポイント　解説➡p152

□かつて，日本とアメリカ合衆国やヨーロッパ諸国との間に貿易摩擦が起きたとき，日本の企業（きぎょう）はどのような対策（たいさく）を行ったか。行った対策を2つあげなさい。

　ヒント　日本からの輸出が多いと，輸出先の産業をおびやかしてしまうのが問題となった。輸出先の産業をおびやかさないようにするには，どうしたらいいか考えよう。

> 例：①輸出量を自主的に減らした。
> 　　②現地に工場を建て，現地生産（げんちせいさん）を増やした。

□2011年に日本は，31年ぶりに貿易赤字となった。その理由を「燃料」という言葉を使って，簡単に説明しなさい。

> 例：東日本大震災による原子力発電所の事故の影響で，発電用の燃料の輸入が増えたから。

要点をチェック ✏

〈港別に見た輸出入品の特徴〉

- 【名古屋】港は，輸出品に【自動車】や自動車部品，輸入品に液化ガスや石油などが多い。【東京】港は，大消費地である東京に近いため，輸入品に衣類・魚介類・肉類など【日用品】や食料品が多い。【成田国際】空港は，輸出品・輸入品とも【集積回路】（IC）や通信機，医薬品など，軽量で高価なものが多い。

- 輸出・輸入の合計額では，成田国際空港，東京港，名古屋港，横浜港，関西国際空港の順に多い。（2021年）

名古屋港			
輸出品目	%	輸入品目	%
自動車	23.1	液化ガス	7.7
自動車部品	16.8	石油	6.9
内燃機関	4.1	衣類	5.8
電気計測機器	3.4	アルミニウム	5.5
金属加工機械	3.3	絶縁電線・ケーブル	5.0

東京港			
輸出品目	%	輸入品目	%
半導体	7.6	衣類	7.5
プラスチック	4.8	コンピュータ	5.3
自動車部品	4.7	集積回路	4.6
コンピュータ部品	4.5	肉類	4.3
内燃機関	3.9	魚介類	4.0

成田国際空港			
輸出品目	%	輸入品目	%
半導体	9.1	医薬品	15.9
科学光学機器	5.8	通信機	13.8
金	5.6	集積回路	9.0
集積回路	3.9	コンピュータ	8.0
電気計測機器	3.8	科学光学機器	5.6

（いずれも2021年 財務省資料より）

港別に見た輸出入品の特徴

〈相手地域別に見た日本の貿易の変化〉

- 日本の貿易相手を地域別にみると，輸出も輸入も第1位は【アジア】地域であり，その割合も増えてきている。

- アジア地域では【中国】，北アメリカ地域では【アメリカ合衆国】との貿易額が最も多い。

- ヨーロッパ地域ではドイツ，オセアニア地域ではオーストラリアとの貿易額が最も多い。

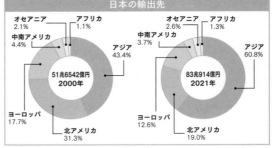

日本の輸出先

オセアニア 2.1% アフリカ 1.1% 中南アメリカ 4.4% アジア 43.4%
51兆6542億円 2000年
ヨーロッパ 17.7% 北アメリカ 31.3%

オセアニア 2.6% アフリカ 1.3% 中南アメリカ 3.7% アジア 60.8%
83兆914億円 2021年
ヨーロッパ 12.6% 北アメリカ 19.0%

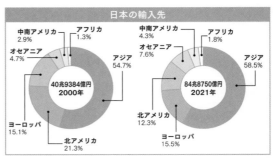

日本の輸入先

中南アメリカ 2.9% アフリカ 1.3% オセアニア 4.7% アジア 54.7%
40兆9384億円 2000年
ヨーロッパ 15.1% 北アメリカ 21.3%

中南アメリカ 4.3% アフリカ 1.8% オセアニア 7.6% アジア 58.5%
84兆8750億円 2021年
北アメリカ 12.3% ヨーロッパ 15.5%

（いずれも財務省資料より）

▪ 右のグラフは，日本とアメリカ合衆
国及び中国との貿易額（輸出と輸入
の合計）の移り変わりを表している。
また，次の表は日本の輸出，輸入に
占めるアメリカ合衆国と中国の割合
の移り変わりを示している。中国に
当てはまるものを，ア・イおよびウ・
エから1つずつ選びなさい。

（財務省資料より）

ウ

年	輸出 輸出総額に対する比率(%)	輸入 輸入総額に対する比率(%)	輸出超過額（百万円）
1990	31.5	22.4	5 470 693
1995	27.3	22.4	4 256 548
2000	29.7	19.0	7 577 006
2005	22.5	12.4	7 731 196
2010	15.4	9.7	4 462 558
2015	20.1	10.3	7 164 811
2020	18.4	11.0	5 157 268
2021	17.8	10.5	5 915 878
2022	18.6	9.9	6 521 938

エ

年	輸出 輸出総額に対する比率(%)	輸入 輸入総額に対する比率(%)	輸入超過額（百万円）
1990	2.1	5.1	−846 349
1995	5.0	10.7	−1 318 922
2000	6.3	14.5	−2 666 910
2005	13.5	21.0	−3 138 596
2010	19.4	22.1	−327 395
2015	17.5	24.8	−6 205 461
2020	22.1	25.7	−2 425 704
2021	21.6	24.0	−2 397 442
2022	19.4	21.0	−5 839 593

（財務省資料より。香港，マカオをふくまず。）

【イ，エ】

▪ 右のグラフは，日本の
海上輸送貨物と航空輸
送貨物を，輸出と輸入
に分けて，それぞれ示
している。①〜⑤に当
てはまる品目を，次の
ア〜オからそれぞれ選
びなさい。

ア 機械類
イ 半導体など
ウ 自動車
エ 石油
オ 液化ガス

① 【ア】　② 【ウ】
③ 【イ】　④ 【エ】
⑤ 【オ】

輸出（海上輸送）
その他 33.7%
セメント 0.1%
① 33.3%
2021年 56兆3314億円
② 16.7%
電気製品 9.5%
鉄鋼 6.7%

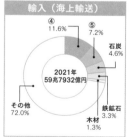

輸入（海上輸送）
④ 11.6%
⑤ 7.2%
石炭 4.6%
2021年 59兆7932億円
鉄鉱石 3.3%
木材 1.3%
その他 72.0%

輸出（航空輸送）
③ 17.2%
科学光学機器 5.1%
電気計測機器 3.2%
2022年 31兆6453億円
医薬品 2.9%
映像機器 1.8%
その他 69.8%

輸入（航空輸送）
医薬品 17.1%
③ 15.0%
事務用機器 6.2%
2022年 30兆4516億円
科学光学機器 5.7%
航空機用内燃機関 2.3%
その他 53.7%

（いずれも財務省資料より）

要点をチェック✏️

日本の地方区分・都道府県・都道府県庁所在地

- 日本は1都1道【2】府【43】県に分けられ，合計【47】都道府県からなる。

- 面積が最も広い都道府県は【北海道】，最も広い県は【岩手県】，面積が最もせまい都道府県は【香川県】である。

- 人口が最も多い都道府県は【東京都】，最も少ない都道府県は【鳥取県】である。

- 海に面していない内陸県は，栃木県，【群馬県】，埼玉県，【山梨県】，長野県，岐阜県，滋賀県，【奈良県】の8県である。

- 政令で指定された人口50万人以上の都市を【政令指定都市】という。

ゼッタイに押さえるべきポイント ✏

□北海道地方と【東北】地方には，政令指定都市が1つずつある。 ◀できたらスゴイ!

□日本を8つの地方に区分した場合，政令指定都市がないのは，【四国】地方だけである。 ◀できたらスゴイ!

□日本海に面している都道府県で，都道府県名と都道府県庁所在地名が異なるのは，北海道の【札幌】市，石川県の【金沢】市，兵庫県の【神戸】市，島根県の【松江】市である。

□中国・四国地方の9県で，都道府県名と都道府県庁所在地名が同じなのは【6】県である。

📖 入試で差がつくポイント 解説➡p153

□次の5つの市にはどのような共通点があるか，簡単に説明しなさい。

川崎市　相模原市　浜松市　堺市　北九州市

[
例：都道府県庁所在地ではない政令指定都市である。
]

□次の地図に示した5つの都道府県の名前を，それぞれ漢字で答えなさい。
　ただし，それぞれの地図の縮尺は異なる。 （桐光学園中など）

(一部の島は省略)

①【福井県】②【千葉県】③【鹿児島県】④【高知県】⑤【愛知県】

三重県は近畿地方に属するけれど，愛知県・岐阜県など，中部地方（東海地方）との結びつきが強いよ。

要点をチェック

- 九州には，北部に低くてなだらかな【筑紫山地】が，中央部に高くて険しい【九州山地】がある。

- 九州には多くの火山がある。熊本県の【阿蘇山】には，噴火したときにできた【カルデラ】と呼ばれる大きなくぼ地がある。

- 長崎県の【島原半島】にある雲仙岳は，1991年に噴火し，火砕流が発生した。

- 世界自然遺産に登録された【屋久島】は，樹齢1000年をこえるとされる屋久杉で知られている。

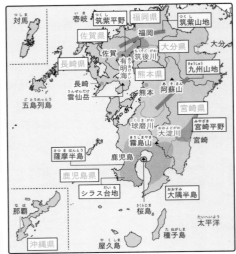

九州地方の自然

- 九州南部に広がる火山灰の積もった台地を【シラス台地】という。シラス台地の【笠野原】などでは，畜産や茶の栽培がさかん。

- 筑紫平野を流れる【筑後川】は，九州地方で最も長い川である。

- 古くから干拓が行われてきた【有明海】では，のりの養殖がさかんである。

- 九州は太平洋側を流れる【日本海流】（黒潮）と日本海側を流れる【対馬海流】の2つの暖流の影響で，冬でも温暖である。九州北部と南部は夏の降水量が多く，中央の山間部は一年を通じて降水量が少ない。

- 南西諸島は【亜熱帯】の気候に属しているため，一年を通じて温暖で，降水量が多くなっている。美しいサンゴ礁が見られる島が多く，観光資源となっている。

- 九州は夏から秋にかけて【台風】の通り道になることが多く，洪水や土砂くずれなどの自然災害も多い。

ゼッタイに押さえるべきポイント ✏️

□筑後川の下流に広がる，佐賀県と福岡県にまたがる平野は【筑紫平野】である。

□鹿児島湾（錦江湾）内には現在でも活発な火山活動を続けている【桜島】がある。 （神奈川大学附属中など）

□鹿児島県にある2つの大きな半島のうち，桜島と陸続きになっている東の半島が【大隅半島】で，対岸の西の半島が【薩摩半島】である。

□九州と台湾との間に広がる島々を【南西諸島】という。この島々の中で，最も大きな島が【沖縄島】で，2番目に大きな島が【奄美大島】である。 （慶應義塾普通部など）

□世界自然遺産に登録されている【屋久】島は，標高によって亜熱帯から亜寒帯の植物が見られるほか，日本固有種の森林もある。 （城北中など）

□鹿児島県・宮崎県に広がる火山灰などが堆積してできた台地を【シラス台地】という。 （穎明館中など）

□【島原】半島の北西には，1989年から干拓事業が進められた諫早湾がある。 （大妻中野中・学習院女子中等科など）

□熊本県の阿蘇山には，噴火したときなどにできた，世界最大級の【カルデラ】がある。 （東京農業大学第一中など）

📖 入試で差がつくポイント 解説→p153

□次の①〜③の雨温図に当てはまる都市を，それぞれ下のア〜ウから選びなさい。 （逗子開成中・法政大学中など）

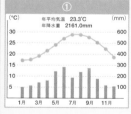
① 年平均気温 23.3℃ 年降水量 2161.0mm

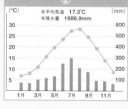
② 年平均気温 17.3℃ 年降水量 1686.9mm

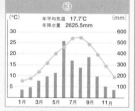
③ 年平均気温 17.7℃ 年降水量 2625.5mm

（いずれも『理科年表 2023年』より）

ア　福岡　　イ　宮崎　　ウ　那覇

①【ウ】　②【ア】　③【イ】

要点をチェック✎

- 筑紫平野や熊本県の八代平野では，同じ耕地で1年間に2種類の作物を栽培する【二毛作】が行われている。筑紫平野では，米と【小麦】や大麦，八代平野では米と【い草】（たたみ表の材料）が栽培されている。

- 九州地方の北部では，福岡市や北九州市などの大消費地向けに，【いちご】やなすなどの野菜を栽培する【近郊】農業がさかんである。

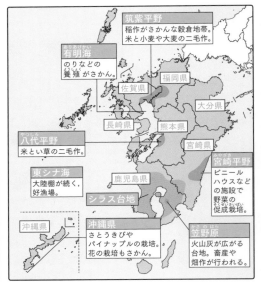

筑紫平野
稲作がさかんな穀倉地帯。米と小麦や大麦の二毛作。

有明海
のりなどの養殖がさかん。

福岡県
佐賀県
大分県
長崎県
熊本県
宮崎県

八代平野
米とい草の二毛作。

東シナ海
大陸棚が続く，好漁場。

シラス台地

鹿児島県

宮崎平野
ビニールハウスなどの施設で野菜の促成栽培。

沖縄県

沖縄県
さとうきびやパイナップルの栽培。花の栽培もさかん。

笠野原
火山灰が広がる台地。畜産や畑作が行われる。

九州地方の農林水産業

- 【熊本】平野では，トマトやすいかなどの生産がさかんである。

- 温暖な【宮崎】平野ではビニールハウスなどの施設を利用して，【ピーマン】やきゅうりなどの野菜の【促成栽培】がさかんである。

- 九州南部の【笠野原】は火山灰が広がる台地のため稲作には向いておらず，【畜産】や畑作が行われている。シラス台地では茶の栽培もさかんである。

- 鹿児島県や宮崎県では豚や【肉牛】，ブロイラー（肉用若鶏）の飼育がさかんである。

- 【亜熱帯】の気候に属する沖縄県では，さとうの原料となる【さとうきび】，パイナップルなどが栽培されている。近年はきく，らんなどの【花】の栽培もさかんで，航空機で東京などの遠い消費地まで運ばれている。

- 東シナ海には水深約200mまでの浅い海底が続く【大陸棚】が広がり，好漁場となっている。

- 畜産農家では，【鳥インフルエンザ】や口蹄疫など，家畜がかかる病気を防ぐ努力をしている。

ゼッタイに押さえるべきポイント

☐筑後川流域に広がる【筑紫】平野は,稲作がさかんな穀倉地帯となっている。

☐宮崎平野などで行われている,温暖な気候を利用して寒い時期に野菜を生産し,出荷する栽培方法を【促成栽培】という。　（芝浦工業大学柏中など）

☐時期をずらして高く売るために,宮崎県や高知県産ピーマンは,夏ではなく,【冬】の出荷量が多い。

☐熊本県の八代平野では,たたみ表の原料となる【い草】の栽培がさかんである。　（鎌倉女学院中など）

☐鹿児島県の薩摩半島南部では,大規模な灌漑事業が進められ,【茶】やたばこなどの工芸作物の生産がさかんになった。

☐鹿児島県では,【さつまいも】（かんしょ）の栽培がさかんである。

（豊島岡女子学園中など）

入試で差がつくポイント　解説➡p153

☐鹿児島県や宮崎県など九州地方南部は,稲作よりも畜産や畑作がさかんである。その理由を簡単に説明しなさい。　（桐蔭学園中など）

> 例：水持ちの悪い火山灰が広がるシラス台地があり,稲作に適さないから。

☐右の地図の①〜⑤の地域で栽培がさかんな農産物や飼育がさかんな家畜を,次のア〜オからそれぞれ選びなさい。

ア　きゅうり,ピーマン　イ　米
ウ　さとうきび,パイナップル
エ　いちご,なす
オ　豚や牛,鶏

①【イ】　②【エ】
③【ア】　④【オ】
⑤【ウ】

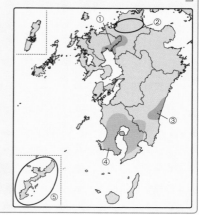

要点をチェック

- 福岡県の北九州市に，明治時代につくられた官営の【八幡製鉄所】は，日本最初の近代的な製鉄所で，日本の鉄鋼業の発展に大きな役割を果たした。

- 八幡製鉄所は，福岡県の【筑豊炭田】で産出された石炭と，中国から輸入された【鉄鉱石】を原料として鉄鋼を生産した。

- 1960年代以降，エネルギー源を石炭から石油に変える【エネルギー革命】が進んだ。その影響で北九州市の鉄鋼の生産も大きく減り，日本の工

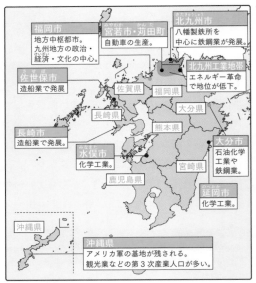

福岡市
地方中枢都市。
九州地方の政治・経済・文化の中心。

宮若市・苅田町
自動車の生産。

北九州市
八幡製鉄所を中心に鉄鋼業が発展。

佐世保市
造船業で発展

北九州工業地帯
エネルギー革命で地位が低下。

長崎市
造船業で発展。

水俣市
化学工業。

大分市
石油化学工業や鉄鋼業。

延岡市
化学工業。

沖縄県
アメリカ軍の基地が残される。
観光業などの第3次産業人口が多い。

佐賀県　福岡県　大分県　熊本県　宮崎県　鹿児島県　長崎県　沖縄県

九州地方の工業・交通

業全体に占める北九州工業地帯の地位が低下した。

- 九州ではその後，【集積回路】（IC）や自動車の工場が進出し，工業全体に占める機械工業の割合が大きくなった。九州はIC工場が多いことからシリコンアイランドとも呼ばれている。

- 福岡市は九州地方の地方中枢都市で，政治や経済などの中心となっている。九州新幹線は福岡市の【博多】駅が起点となっている。

- 九州新幹線は2018年現在，九州の西部を南北に走り，博多駅から【鹿児島中央】駅までを結んでいる。

- 第二次世界大戦中，広島市に次いで【長崎】市にも，原子爆弾が投下され，大きな被害が出た。

- 沖縄県には温暖な気候と豊かな自然を求めて多くの観光客が訪れるため，観光業が発達している。そのため,沖縄県の産業別就業者のうち最も多いのは，第【3】次産業で働く人々となっている。

ゼッタイに押さえるべきポイント

□八幡製鉄所が北九州市につくられたのは，近くの筑豊炭田から【石炭】を得やすく，【中国】から鉄鉱石を輸入しやすかったためである。

□九州地方は，集積回路（ＩＣ）の生産がさかんなことから，その原料の名前をとって【シリコンアイランド】と呼ばれている。

□集積回路は小さくて軽いため，【航空機】で輸送することが多い。そのため，九州では空港付近にIC工場が多い。　　　　　（明治大学付属中野中など）

□近年，福岡県の宮若市や苅田町では，【自動車】の生産がさかんである。

□長崎県の長崎市や佐世保市では【造船】業がさかんである。

（学習院女子中等科など）

□大分市では石油化学工業や【鉄鋼】業が，熊本県の水俣市や宮崎県の延岡市では【化学】工業がさかんである。

□大分県では，火山の地熱を利用した【地熱】発電がさかんである。

（明治大学付属中野中など）

□沖縄県には，多くのアメリカ軍の【基地】がある。

入試で差がつくポイント　解説→p153

□北九州市を中心とする九州地方の工業が，全国的に見て地位が低下した理由を，エネルギー源に着目して簡単に説明しなさい。

例：エネルギー源の中心が石炭から石油にかわる，エネルギー革命が進んだため。

□右の地図の①～⑤の都市・地域でさかんな産業の種類を，次のア～オからそれぞれ選びなさい。

ア　自動車工業　　　イ　観光業
ウ　鉄鋼業
エ　化学工業　　　　オ　造船業

①【ア】　　②【オ】　　③【ウ】
　　　　　④【エ】　　⑤【イ】

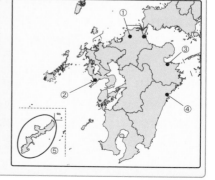

要点をチェック

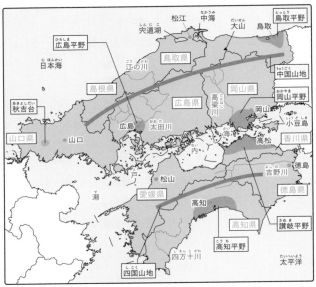

中国・四国地方の自然

- 中国地方には【中国】山地が，四国地方には【四国】山地が，それぞれ東西に連なる。中国地方の山地は，比較的低くてなだらかである。
- 内海の【瀬戸内海】には，小豆島をはじめとして多数の島々が点在し，古くから九州地方と都が置かれた近畿地方を結ぶ海上交通路として利用されてきた。
- 中国地方の日本海側を【山陰】地方，瀬戸内海側を【山陽】地方と呼ぶ。
- 山陽地方と四国地方の瀬戸内海側を合わせて【瀬戸内】地方と呼ぶ。
- 鳥取平野の海岸部には，日本最大級の【鳥取】砂丘が広がる。
- 山口県の秋吉台には，石灰岩が雨水に侵食されてできた【カルスト】地形が広がり，鍾乳洞が見られる。
- 山陰地方は，北西の【季節風】の影響で，冬に雪や雨の日が多い。
- 瀬戸内地方は1年中【降水量】が少なく，香川県の【讃岐】平野では，灌漑用に満濃池などの【ため池】や用水路がつくられた。
- 南四国は，沖合を流れる暖流の【日本海流（黒潮）】の影響で温暖である。

ゼッタイに押さえるべきポイント

□中国地方に東西に連なる【中国】山地は，低くてなだらかな山地である。

□四国地方に東西に連なる【四国】山地の北側を瀬戸内地方，南側を南四国という。

□香川県の讃岐平野は雨が少なく，大きな川もないので，古くから水を確保するために【ため池】や用水路がつくられてきた。 （立教女学院中など）

□高知県西部には，最後の清流と言われる【四万十川】が流れている。

（明治大学付属中野中など）

□南四国は，夏の南東の【季節風】や台風の影響で降水量が多い。

□瀬戸内海では，プランクトンが大量に発生し，海の色が変わる【赤潮】によって，水産業に深刻な被害がでたことがある。 （西大和学園中など）

入試で差がつくポイント 解説→p153

□瀬戸内地方で降水量が少ない理由を，地形と季節風の関係から簡単に説明しなさい。

> 例：冬の季節風が中国山地に，夏の季節風が四国山地にさえぎられるから。

□次の①～③の雨温図に当てはまる都市を，下のア～ウからそれぞれ選びなさい。 （西大和学園中など）

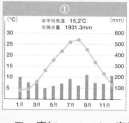
①
年平均気温 15.2℃
年降水量 1931.3mm

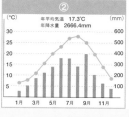
②
年平均気温 17.3℃
年降水量 2666.4mm

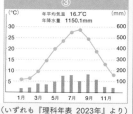
③
年平均気温 16.7℃
年降水量 1150.1mm

（いずれも『理科年表 2023年』より）

ア 高知 イ 高松 ウ 鳥取

①【ウ】 ②【ア】 ③【イ】

要点をチェック

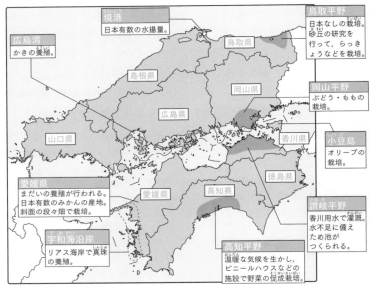

中国・四国地方の農林水産業

境港
日本有数の水揚量。

広島湾
かきの養殖。

鳥取平野
日本なしの栽培。砂丘の研究を行って、らっきょうなどを栽培。

岡山平野
ぶどう・ももの栽培。

小豆島
オリーブの栽培。

讃岐平野
香川用水で灌漑。水不足に備えため池がつくられる。

高知平野
温暖な気候を生かし、ビニールハウスなどの施設で野菜の促成栽培。

愛媛県
まだいの養殖が行われる。日本有数のみかんの産地。斜面の段々畑で栽培。

宇和海沿岸
リアス海岸で真珠の養殖。

鳥取県　島根県　岡山県　広島県　山口県　香川県　徳島県　愛媛県　高知県

- 年中降水量が少なく，大きな川もない香川県の【讃岐】平野では，灌漑のために【香川用水】が引かれ，水不足に備えて【ため池】がつくられている。

- 南四国の高知県はきゅうり，ピーマンやなすなど野菜の栽培がさかんで，とくに【高知】平野では，夏の露地栽培だけでなく，冬でも温暖な気候を利用し【ビニールハウス】などの施設を使って，きゅうりなどの【促成栽培】が行われている。これらは【保冷トラック】で，東京などの市場に運ばれる。

- 鳥取県の境港市にある【境港】は，全国有数の水揚量をほこる。

- 中国・四国地方の各県では，【地域おこし】（町おこし・村おこし）の1つとして，地元の農産物を特産品として売り出すことが行われている。

みかんの生産高上位は温暖な和歌山県や愛媛県，静岡県，そして九州地方の各県だよ。

ゼッタイに押さえるべきポイント🖊

□鳥取県や千葉県では,【日本なし】の栽培がさかんである。

□鳥取砂丘では,【らっきょう】や長いもなどが栽培されている。

(法政第二中など)

□【岡山】県では,ぶどうやももなどの栽培がさかんである。

□愛媛県では温暖な気候を利用した,【みかん】やグレープフルーツなどの柑橘類,キウイフルーツなどの栽培がさかんである。

□香川県の小豆島の特産品の【オリーブ】は,塩漬けにしたり,油の原料として利用される。

(獨協埼玉中など)

□愛媛県では,山の斜面につくられた【段々畑】でみかんの栽培がさかんである。

(西大和学園中など)

□広島湾では【かき】,リアス海岸が広がる愛媛県の宇和海沿岸では【真珠】の養殖がさかんである。また,愛媛県では【まだい】の養殖も行われている。

(西大和学園中など)

📖 入試で差がつくポイント　解説→p153

□高知県で野菜の促成栽培がさかんな理由を,冬でも温暖な気候のほかに1つ,輸送手段に着目して簡単に説明しなさい。　(世田谷学園中など)

> 例:保冷トラックにより,新鮮なまま東京などに出荷することが可能になったから。／例:本州四国連絡橋などの交通網が整備され,新鮮なまま大都市に出荷できるようになったから。

□右の地図の①～⑤の地域で栽培がさかんな農産物や栽培の方法,養殖がさかんな水産物を,次のア～オからそれぞれ選びなさい。

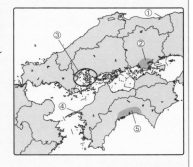

ア　野菜の促成栽培　　イ　なし
ウ　ぶどう,もも
エ　かきの養殖　　オ　みかん

①【イ】　②【ウ】　③【エ】
④【オ】　⑤【ア】

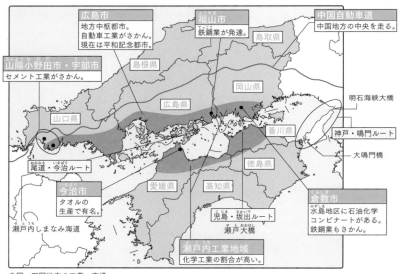

テーマ34
中国・四国地方の工業・交通

要点をチェック

中国・四国地方の工業・交通

- 中国・四国地方では，瀬戸内海沿岸に【瀬戸内】工業地域が発達している。

- 中国・四国地方の地方中枢都市である広島市では，【自動車】工業が発達している。広島市は，第二次世界大戦中に投下された【原子爆弾】により，大きな被害を受けた。

- 山口県の宇部市や山陽小野田市では，近くで産出する石灰石を原料とする【セメント】工業がさかんである。

- 愛媛県の【今治】市は繊維工業がさかんで，タオルの生産で名高い。

- 広島県の呉市などでは造船業がさかんである。

- 中国・四国地方は，山間部や離島で人口が減る【過疎】化が進んでいる。中には，人口の50％以上を65歳以上の高齢者がしめ，社会生活の維持が困難になった限界集落と呼ばれる地域もある。

- 本州と四国地方は，【本州四国連絡橋】の3つのルート（東から，神戸・鳴門ルート，児島・坂出ルート，尾道・今治ルート）で結ばれている。

ゼッタイに押さえるべきポイント

□瀬戸内工業地域は，他の工業地帯・工業地域に比べ，製造品出荷額に占める【化学】工業の割合が高い。 （早稲田中など）

□瀬戸内工業地域は，呉市などで【造船】業がさかんだったが，近年はのびなやんでいる。 （江戸川女子中など）

□岡山県倉敷市の【水島】地区には，大規模な石油化学コンビナートがつくられている。 （慶應義塾普通部など）

□岡山県の倉敷市や広島県の福山市では，【鉄鋼】業がさかんである。 （西大和学園中など）

□本州四国連絡橋の3つのルートのうち，いちばん東の神戸・鳴門ルートの本州側は【明石海峡大橋】で，四国側は【大鳴門橋】で，それぞれ淡路島と結ばれている。中央の児島・坂出ルートは【瀬戸大橋】で，いちばん西の尾道・今治ルートは【瀬戸内しまなみ海道】で，本州と四国が結ばれている。 （共立女子中など）

入試で差がつくポイント　解説→p153

□本州四国連絡橋の3つのルートのうち，最初に開通した瀬戸大橋により，岡山県と香川県の間で，人や物の移動に関してどのような変化が起きたか。香川県側からと岡山県側からとについて，それぞれ簡単に説明しなさい。 （西大和学園中など）

> 例：香川県側からは岡山県へ通勤・通学する人が増え，野菜などの生鮮品もトラックで輸送されるようになった。岡山県側からは四国への観光客が増えた。

□右の地図の①〜⑤の都市でさかんな工業を，次のア〜オからそれぞれ選びなさい。①の都市のみ3つ選びなさい。

ア　石油化学工業
イ　自動車工業　　ウ　繊維工業
エ　セメント工業　　オ　鉄鋼業

①【ア，イ，オ】　　②【オ】
③【イ】　④【エ】　⑤【ウ】

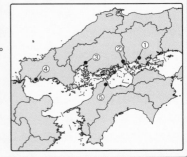

要点をチェック

- 滋賀県の面積の約6分の1を占める【琵琶湖】は日本最大の湖で，近畿地方の水がめである。

- 琵琶湖から流れる瀬田川は，宇治川，さらに【淀川】と名を変え，大阪平野を流れて大阪湾に注ぐ。

- 福井県や京都府の若狭湾沿岸，三重県の志摩半島には，複雑な海岸線が特徴の【リアス海岸】が見られる。

- 北部には，中国山地から続く高原や，なだらかな【丹波高地】が広がる。

近畿地方の自然

- 中央部は低地で，【大阪平野】，播磨平野などの平野や，かつて都が置かれた奈良盆地，【京都盆地】などの盆地がある。

- 南部の紀伊半島には，険しい【紀伊】山地が東西に広がる。

- 【淡路島】は兵庫県に属し，近畿地方で最も大きな島である。

- 日本海に面した北部は，冬に降水量の多い【日本海側】の気候に属する。

- 日本海流（黒潮）の影響を受ける南部は，夏に降水量の多い【太平洋側】の気候に属する。紀伊山地にある大台ヶ原山は降水量が多いことで知られる。

- 中央部のうち，盆地では夏と冬の【気温】の差が大きい。

- 中央部のうち，【瀬戸内海】に面した地域は年間の降水量が少ない。

- 神戸市では【六甲】山地が瀬戸内海にせまっているため，ここを切り開いてニュータウンを建設し，その土砂を用いて【ポートアイランド】や六甲アイランドなどの埋め立て地を造成した。

- 兵庫県や大阪府は，1995年の【阪神・淡路大震災】で大きな被害を受けた。

ゼッタイに押さえるべきポイント 🖊

□近畿地方の北部は，冬の【北西】の季節風の影響で降水量が多い。中央部の盆地は内陸性の気候で，昼と夜，夏と冬の【気温差】が大きい。

□滋賀県の面積の約6分の1をしめる【琵琶湖】は，近畿地方の重要な水源である。　　　　　　　　　　　　　　　　　　　　　　（早稲田中・暁星中など）

□琵琶湖から流れ出た瀬田川は京都府で宇治川と名を変え，桂川，木津川と合流して【淀川】となり，大阪湾に注ぐ。

□リアス海岸が発達した三重県の【志摩】半島では,真珠の養殖がさかんである。　　　　　　　　　　　　　　　　　　　　　　　　　　　　　（暁星中など）

□紀伊山地を水源とする吉野川は下流で【紀ノ川】と名前を変えて西へ流れる。

□1995年，兵庫県や大阪府を中心に【阪神・淡路大震災】が発生し，6400人以上の人が亡くなるなど，大きな被害が出た。

📖 入試で差がつくポイント 　解説→p153

□大台ヶ原山をふくむ紀伊半島では，すぎやひのきを育てる林業がさかんである。その理由を，気候の特色に着目して簡単に説明しなさい。

> 例：夏の南東からの季節風の影響で降水量が多く，木がよく育つから。

□次の①〜③の雨温図に当てはまる都市・場所を，下のア〜ウからそれぞれ選びなさい。

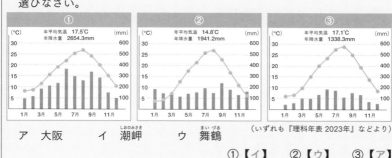

ア　大阪　　イ　潮岬　　ウ　舞鶴

（いずれも『理科年表 2023年』などより）

①【イ】　　②【ウ】　　③【ア】

要点をチェック ✏️

• 近畿地方では,京都,大阪,神戸などの大都市周辺で【近郊農業】が行われ,野菜の栽培がさかん。兵庫県の【淡路】島でも,近郊農業が行われている。

• 兵庫県北部や三重県松阪市では【肉牛】が飼育されており,それぞれ但馬牛や松阪牛のブランドで出荷されている。

• 和歌山県では,紀ノ川や有田川流域で【みかん】の栽培がさかんで,生産量は愛媛県とともに全国有数である。また,【かき】やうめの生産でも,全国第1位をほこっている。

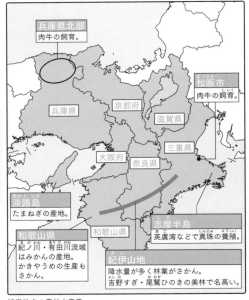

近畿地方の農林水産業

兵庫県北部
肉牛の飼育。

松阪市
肉牛の飼育。

兵庫県 / 京都府 / 滋賀県 / 三重県 / 大阪府 / 奈良県

淡路島
たまねぎの産地。

和歌山県
紀ノ川・有田川流域はみかんの産地。かきやうめの生産もさかん。

志摩半島
英虞湾などで真珠の養殖。

紀伊山地
降水量が多く林業がさかん。吉野すぎ・尾鷲ひのきの美林で名高い。

• 降水量の多い【紀伊山地】では林業がさかんで,品質の良い【吉野すぎ】や尾鷲ひのきが生産されている。

• 志摩半島では,リアス海岸を利用して【真珠】の養殖がさかんである。

• 琵琶湖では,プランクトンの大量発生による【赤潮】やアオコが発生して環境が悪化し,湖での漁業や人々の生活に大きな影響が出た。このため,農業肥料や合成洗剤にふくまれる【リン】の使用を禁止する条例を制定し,住民とともに環境を守る取り組みが続けられている。

近郊農業のほか,和歌山県のみかんと紀伊山地の林業が重要だけれど,琵琶湖の環境を守る取り組みも押さえておこう。

ゼッタイに押さえるべきポイント ✎

□和歌山県の紀ノ川や有田川の流域では【みかん】の栽培がさかんで，生産量は全国第1位である。　　　　　　　　　　　　　　　　　　（淑徳与野中など）

□和歌山県が生産量全国第1位の【うめ】は，群馬県などでも生産がさかんである。　　　　　　　　　　　　　　　　（穎明館中・金蘭千里中など）

□大阪市などの大都市周辺では，新鮮な野菜を出荷できる利点があることから【近郊】農業がさかんである。

□淡路島では，【たまねぎ】の栽培がさかんである。　　　　（立教女学院中など）

□志摩半島の【英虞】湾では，真珠の養殖がさかんである。（桐蔭学園中など）

□京都府では，賀茂なすや九条ねぎなど京都の地名をつけた【京野菜】が栽培され，ブランド化されている。 ◆できたらスゴイ!

□高度経済成長期以降，琵琶湖には工場排水や生活排水，農業排水などが流れ込み，水中の栄養分が増加した。その結果，プランクトンが大量に発生し，【赤潮】やアオコを引き起こした。　　　　　　　　　　　（桐蔭学園中など）

📖 入試で差がつくポイント　解説➡p154

□琵琶湖の環境を守ろうと，人々が対策に取り組んだ理由を，琵琶湖の水がどのように使われているかに着目して，簡単に説明しなさい。

> 例：琵琶湖は近畿の水がめと言われ，古くから生活用水として利用されているから。

□右の地図の①〜⑤の地域で生産がさかんな農産物・木材・水産品や農業の方法を，次のア〜オからそれぞれ選びなさい。

ア　みかん　　　イ　近郊農業
ウ　吉野すぎ　　エ　真珠
オ　肉牛

①【オ】　　②【イ】
③【エ】　　④【ア】
⑤【ウ】

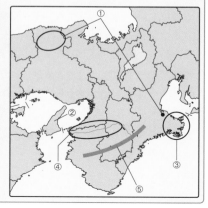

要点をチェック

- 大阪湾沿岸を中心に【阪神工業地帯】が発達している。

- 戦前は繊維工業が中心で、現在は沿岸部に【重化学】工業、内陸部には日用品を製造する【中小】工場が多い。また大阪府の北東部には、電気器具や輸送機械の組立工場が集まっている。

- 近年は、大阪湾岸の工場跡地に【太陽光発電】のパネルや蓄電池の工場も建設されている。

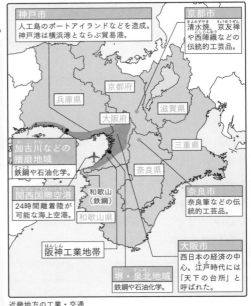

神戸市
人工島のポートアイランドなどを造成。神戸港は横浜港とならぶ貿易港。

京都市
清水焼、京友禅や西陣織などの伝統的工芸品。

兵庫県
京都府
滋賀県
大阪府
三重県

加古川などの播磨地域
鉄鋼や石油化学。

奈良県

関西国際空港
24時間離着陸が可能な海上空港。

和歌山
(鉄鋼)

和歌山県

奈良市
奈良筆などの伝統的工芸品。

阪神工業地帯

大阪市
西日本の経済の中心。江戸時代には「天下の台所」と呼ばれた。

堺・泉北地域
鉄鋼や石油化学。

近畿地方の工業・交通

- 京都や奈良はかつて都が置かれていた古都で、多くの文化財が世界遺産に登録されている国際観光都市である。京都では古都の景観を守るため、独自の【条例】を制定している。

- 近畿地方では【伝統的工芸品】の生産がさかんで、京都府の清水焼・京友禅・西陣織、奈良県の奈良筆、大阪府の堺打刃物、滋賀県の信楽焼などが有名である。

- 大阪は江戸時代「【天下の台所】」と呼ばれ、商業の中心地であった。現在も、大きな問屋街をもつ西日本の経済の中心で、神戸や京都・奈良と強いつながりを持ち、【大阪（京阪神）大都市圏】を形成している。

- 京阪神地方では【私鉄】による鉄道網が発達している。沿線には鉄道会社が住宅地や行楽地を、起点の【ターミナル】にはデパートを建設し、乗客を誘致することで発展してきた。

- 大阪湾の泉州沖には、【関西国際空港】が建設され、成田国際空港と並ぶ日本の空の玄関口となっている。

ゼッタイに押さえるべきポイント ✐

□大阪府では，大阪市から北東部の門真市や守口市にかけての内陸部で，【電気器具】を中心とする機械工業が発達している。

□大阪府には，日用品や金属製の部品などを製造する【中小】工場が多い。

□京都市では清水焼，京友禅，【西陣織】などの伝統的工芸品がつくられている。
（中央大学附属中など）

□奈良市では【奈良】筆などの伝統的工芸品がつくられている。

□信楽焼は【滋賀】県の伝統的工芸品である。 （西大和学園中など）

□市街地から離れた泉州沖に建設された【関西国際空港】は，24時間離着陸が可能な空港である。 （洗足学園中など）

📖 入試で差がつくポイント 解説→p154

□京都市で独自に制定された条例の内容を，国際観光都市としての景観に着目して簡単に説明しなさい。

> 例：日本の都として古くからつくられてきた街並みが守られるよう，建物や看板のデザインなどを規制する。

□右の地図の①〜③の都市・地域でさかんにつくられている工業製品を，次のア〜ウからそれぞれ選びなさい。

ア　電気器具　　イ　鉄鋼
ウ　日用品

①【ア】　②【イ】　③【ウ】

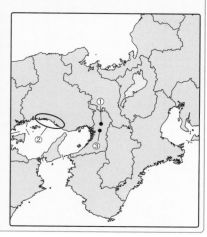

テーマ38 中部地方の自然①

要点をチェック

- 中部地方は日本の中央部に位置し，【9】つの県からなる。

- 中部地方は，3000m級の山々が連なる内陸部の【中央高地】，日本海側の【北陸地方】，太平洋側の【東海地方】の3つの地域に分けられる。

- 北陸地方には新潟県・富山県・石川県・福井県が，中央高地には山梨県・長野県の2県と岐阜県の北部が，東海地方には静岡県・愛知県の2県と岐阜県の南部がふくまれる。東海地方には，近畿地方に属する【三重県】の北部をふくむこともある。

中部地方の3つの地域

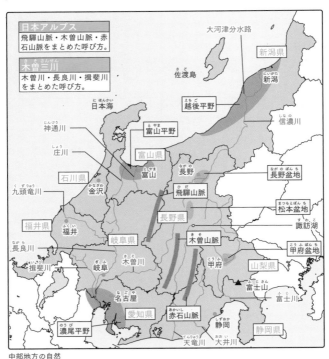

中部地方の自然

ゼッタイに押さえるべきポイント ✏️

□【木曽川】，長良川，揖斐川の3つの川はまとめて木曽三川と呼ばれ，下流には【濃尾】平野が広がっている。 （須磨学園中など）

□濃尾平野にある木曽三川の下流部には，洪水から守るために集落の周りが堤防で囲まれた【輪中】と呼ばれる地域がある。 （青山学院中等部など）

□越後平野を流れる信濃川の下流地域には，水害を防ぐため，水量を調節するために人工の水路である【大河津分水路】が作られている。（須磨学園中など）

□日本アルプスのうち，最も南にある【赤石】山脈は，南アルプスとも呼ばれる。 （横浜共立学園中など）

□日本海側には，中央高地から信濃川，神通川・庄川，九頭竜川などが流れ，それぞれ河口に【越後平野】，富山平野，福井平野が広がる。

□静岡県側には東から富士川，大井川，諏訪湖を水源とする【天竜川】などが流れている。

□長野県の長野盆地や松本盆地，山梨県の【甲府盆地】では，果物の栽培がさかんである。

📖 入試で差がつくポイント 解説→p154

□木曽三川が流れ込む濃尾平野に見られる輪中という集落について，目的とその様子を簡単に説明しなさい。 （雙葉中・高槻中など）

> 例：洪水から集落を守るため，堤防を築いて集落を囲み，高い位置に水屋と呼ばれる建物を建てている。

□次の①〜③の川を，右の地図中のア〜ウからそれぞれ選び記号で答えなさい。

① 木曽川【ウ】
② 長良川【イ】
③ 揖斐川【ア】

要点をチェック✎

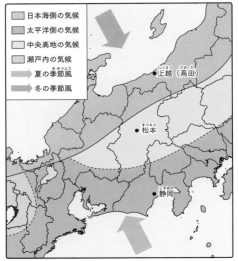

	日本海側の気候
	太平洋側の気候
	中央高地の気候
	瀬戸内の気候
	夏の季節風
	冬の季節風

上越（高田）
松本
静岡

中部地方などの気候

- 日本海に面した北陸地方は日本海側の気候で，冬に湿気をふくんだ【北西】の季節風が吹き，これが【中央高地】の山々をこえる時に，多くの降水（降雪）をもたらす。

- 北陸地方は世界的に有名な【豪雪】地帯で，冬の間人々は屋根の雪下ろしに追われる。

- 北陸地方の夏は，東海地方と変わらないくらいまで，気温が上がる。

- 内陸部にある中央高地は中央高地の気候で，夏は涼しく過ごしやすいが，冬の冷え込みが厳しく，気温が0度以下に下がることもある。

- 中央高地は，海から離れた内陸部に位置し，標高も高いので，昼と夜，夏と冬の気温の差が【大きい】。

- 中央高地では，降水量は一年を通じて【少ない】。

- 太平洋に面した東海地方は，太平洋側の気候で，夏は湿った【南東】の季節風の影響で降水量が【多い】。

- 東海地方は，沖合を流れる【暖流】の日本海流（黒潮）の影響で冬でも温暖で，乾燥した晴天の日が多い。

ゼッタイに押さえるべきポイント ✏

□中部地方の日本海側を【北陸地方】といい，北西の季節風の影響で冬に降水量が多い。
（関西大学第一中など）

□中部地方の内陸部を【中央高地】といい，山地によって季節風がさえぎられるため，一年を通じて【降水量】が少なく，夏と冬，昼と夜の気温の差が大きい。
（洛星中など）

□中部地方の太平洋側を【東海地方】といい，南東の季節風の影響で夏に降水量が多い。

□北陸地方では，初夏から秋にかけて季節風が山地をこえて吹くときに乾いた高温の風となり，【フェーン現象】が起こる。

📖 入試で差がつくポイント　解説→p154

□長野県の軽井沢などの高原では，東京などの大都市から夏に多くの観光客が訪れます。その理由を，気候に着目して簡単に説明しなさい。

> 例：夏でも涼しい気候なので，避暑地として大都市から多くの観光客が訪れる。

□次の①〜③の雨温図に当てはまる都市を，それぞれ下のア〜ウから選びなさい。
（鷗友学園女子中など）

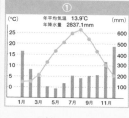

①　年平均気温 13.9℃　年降水量 2837.1mm

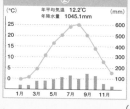

②　年平均気温 12.2℃　年降水量 1045.1mm

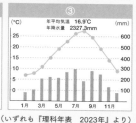

③　年平均気温 16.9℃　年降水量 2327.3mm

（いずれも『理科年表　2023年』より）

ア　上越　　　イ　松本　　　ウ　静岡

①【ア】　　②【イ】　　③【ウ】

雪の多い日本海側の気候より，中央高地の気候の方が冬の気温が低いよ。

中部地方の農林水産業 STEP1

要点をチェック

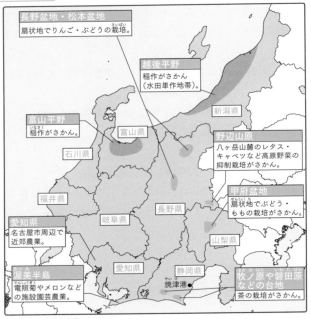

長野盆地・松本盆地
扇状地でりんご・ぶどうの栽培。

越後平野
稲作がさかん
（水田単作地帯）。

新潟県

富山平野
稲作がさかん。

富山県

石川県

野辺山原
八ヶ岳山麓のレタス・キャベツなど高原野菜の抑制栽培がさかん。

福井県

長野県

岐阜県

甲府盆地
扇状地でぶどう・ももの栽培がさかん。

山梨県

愛知県
名古屋市周辺で近郊農業。

愛知県

静岡県

焼津港●

牧ノ原や磐田原などの台地
茶の栽培がさかん。

渥美半島
電照菊やメロンなどの施設園芸農業。

中部地方の農林水産業

- 新潟県や富山県では，冬に【チューリップ】などの球根が栽培されている。
- 八ヶ岳山麓の【野辺山原】では，夏でも涼しい気候を利用してレタスやキャベツなどの【高原野菜】の抑制栽培が行われている。
- 静岡県では，牧ノ原，磐田原などの台地で【茶】の栽培が，駿河湾沿いの温暖な斜面では【みかん】の栽培がさかんである。
- 愛知県の【渥美】半島では，豊川用水によってかんがいを行い，温室での【菊】の電照栽培やメロンなどの【施設園芸】農業がさかんである。
- 長野県の【木曽ひのき】は天然の三大美林，静岡県の天竜すぎは人工の三大美林の1つに数えられている。
- 静岡県の【焼津】港は遠洋漁業の根拠地で，日本有数の水揚量がある。

ゼッタイに押さえるべきポイント ✏️

□信濃川が流れる新潟県の【越後】平野は，1年に1度だけ稲を栽培する水田
単作地帯である。

□【コシヒカリ】は最も作付面積の多い稲の品種で，新潟県中部の魚沼地方で
栽培されるものは，銘柄米（ブランド米）として高い評価を受けている。

（江戸川女子中など）

□かつての野辺山原は火山灰が広がる農業には不向きな地域であったが，開拓
により土地を改良し，【レタス】・キャベツ・はくさいなどの高原野菜の産地
となった。

□静岡県の【茶】の栽培では，【霜】の害から守るために防霜ファンと呼ばれ
る大きな扇風機を設置して，地上に風を送っている。

□愛知県では，大都市に近いことから，野菜の栽培や畜産物の生産などの【近
郊】農業がさかんである。

□渥美半島では，かつて水不足に悩まされていたが，【豊川】用水が整備され
たことによって施設園芸農業がさかんになった。 （城北中など）

📖 入試で差がつくポイント 解説➡p154

□渥美半島でメロンなどの施設園芸農業がさかんな理由を，気候の観点から
簡単に説明しなさい。

> 例：沖合を暖流の日本海流（黒潮）が流れていて，年間を通じて温暖
> だから。

□渥美半島では，電灯を利用した菊の栽培がさかんである。菊の栽培に電灯
を用いることの利点を，簡単に説明しなさい。

> 例：菊は日照時間が短くなると花が咲く性質があるので，温室の電灯
> を長時間つけておくことで開花時期をおそくして，出荷時期を調
> 整できるから。

越後平野では米を材料にした米菓，甲府
盆地ではぶどうを原料にしたワインなど
が作られているね。

中部地方の農林水産業 **STEP2**

要点をチェック ✎

〈米の生産と耕地面積に占める田の割合〉

- 中部地方のうち，日本海側の【新潟県】は北海道や東北地方の各県とともに日本有数の米の生産量をほこる。

- 北陸地方は【積雪】のため，冬に農作業ができないことから，【水田単作地帯】となっている。そのため，耕地面積に占める田の割合は高い。

北海道	19.4%	長野県	49.1
新潟県	88.8	岐阜県	76.6
富山県	95.3	静岡県	35.0
石川県	83.0	愛知県	56.6
福井県	90.7	（全国）	54.4
山梨県	33.1		

（2021年　農林水産省資料より）

耕地面積に占める田の割合

〈おもな農作物の都道府県別生産割合〉

- 山梨県や長野県では【ぶどう】やももなど果物の栽培がさかんである。長野県では【りんご】の栽培もさかんで，生産量は青森県に次いで第2位である。

- 長野県の八ヶ岳周辺では夏でも涼しい気候を利用して，【レタス】などの抑制栽培を行い，ほかの産地からの出荷が少ない時期に出荷している。

- 静岡県では【茶】やみかんの栽培が，愛知県では近郊農業でキャベツなどの野菜の栽培がさかんである。

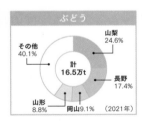

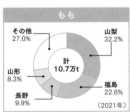

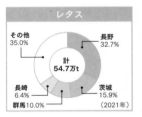

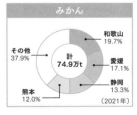

（いずれも農林水産省資料より）

- 次のグラフは，山梨県の農産物の作付面積の移り変わりを表している。これについて説明した次の文の（ ）に当てはまる言葉を，それぞれあとのア〜オから1つずつ選びなさい。なお，同じ数字には同じ言葉が入る。

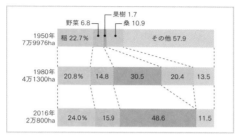

野菜 6.8 ── 果樹 1.7 ── 桑 10.9

1950年 7万9976ha	稲 22.7%			その他 57.9
1980年 4万1300ha	20.8%	14.8	30.5	20.4	13.5
2016年 2万800ha	24.0%	15.9	48.6	11.5

（農林水産省資料より）

山梨県の農産物の作付面積

　山梨県では，甲府盆地などに広がる水はけのよい扇状地で，ぶどうやももなどの果物の栽培がしだいにさかんとなり，近年（　①　）の面積は作付面積の（　②　）近くを占めるまでに増えている。かつては蚕を飼育してまゆを生産する養蚕がさかんであったため，蚕のえさとなる桑を栽培する（　③　）が多かったが，化学繊維の広まりなどから養蚕がおとろえたため，（　③　）はすがたを消した。

ア　果樹園　　　イ　水田　　　ウ　桑畑
エ　50%　　　オ　80%

①【ア】　　②【エ】　　③【ウ】

- 次のグラフはレタス，茶，きくの都道府県別生産割合を表している。グラフ中の①〜③に当てはまる，中部地方の県名をそれぞれ答えなさい。

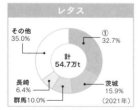

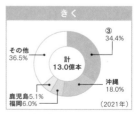

（いずれも農林水産省資料より）

①【長野県】　　②【静岡県】　　③【愛知県】

要点をチェック

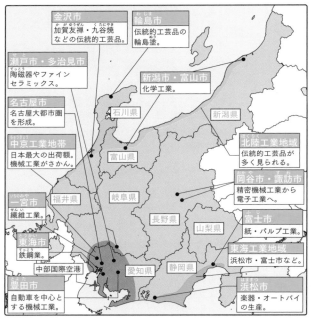

金沢市
加賀友禅・九谷焼などの伝統的工芸品。

輪島市
伝統的工芸品の輪島塗。

瀬戸市・多治見市
陶磁器やファインセラミックス。

新潟市・富山市
化学工業。

名古屋市
名古屋大都市圏を形成。

石川県

新潟県

中京工業地帯
日本最大の出荷額。機械工業がさかん。

北陸工業地域
伝統的工芸品が多く見られる。

富山県

一宮市
繊維工業。

岡谷市・諏訪市
精密機械工業から電子工業へ。

福井県

岐阜県

長野県

富士市
紙・パルプ工業。

東海工業地域
浜松市・富士市など。

山梨県

東海市
鉄鋼業。

中部国際空港

愛知県

静岡県

豊田市
自動車を中心とする機械工業。

浜松市
楽器・オートバイの生産。

中部地方の工業・交通

- 愛知県を中心に広がる【中京工業地帯】は出荷額が日本最大の工業地帯で，豊田市の【自動車】など，機械工業がさかんである。

- 東海工業地域では，静岡県西部の浜松市で【楽器】やオートバイの製造が，東部の【富士】市で紙・パルプ工業がさかんである。

- 中央高地の【諏訪】盆地では，生糸をつくる製糸業がさかんであったが，第二次世界大戦後に時計やカメラなどをつくる精密機械工業が発達した。近年は中央自動車道などの高速道路沿いに電子部品や集積回路【IC】，産業用ロボットなどの機械工業の工場が進出している。

- 北陸工業地域では，新潟市や富山市で【化学】工業がさかんなほか，金沢市の九谷焼や加賀友禅，輪島市の【輪島塗】などの伝統工業もさかんである。

ゼッタイに押さえるべきポイント

□中京工業地帯は愛知県豊田市の【自動車】など，機械工業の割合が高い。

□中京工業地帯で生産された自動車は，【名古屋港】から世界各国に輸出されている。 **できたらスゴイ!**

□瀬戸市や多治見市などでは，【陶磁器】生産の技術を生かし，熱に強いファインセラミックスという新しい焼き物が開発された。

□諏訪盆地では，第二次世界大戦以前は，【生糸】をつくる製糸業がさかんであった。 （聖光学院中など）

□【輪島】塗は，石川県の伝統的工芸品に指定されている。（逗子開成中など）

□新潟県の【燕】市は，金属洋食器の生産が日本一の都市である。 **できたらスゴイ!**
（逗子開成中など）

□北陸地方では，福井県【鯖江】市のめがね枠（めがねフレーム），富山市の売薬などの地場産業が見られる。 **できたらスゴイ!** （慶應義塾中等部など）

・知多半島（愛知県）の常滑市沖には，24時間離発着が可能な【中部国際空港】（セントレア）が建設され，中部地方の玄関口となっている。

□東海地方は，東京駅と新大阪駅を結ぶ【東海道】新幹線などの鉄道や，東名高速道路などの道路が走り，関東地方と近畿地方を結ぶ重要な地域となっている。

入試で差がつくポイント 解説→p154

□愛知県にある自動車工場とそれに関連する工場では，ジャストインタイム方式という生産方法がとられている。この方法の利点について，「部品」「在庫」という言葉を用いて，簡単に説明しなさい。（フェリス女学院中など）

ヒント 「在庫」があると，自動車会社は保管する費用などを負担しなければならなくなる。

> 例：組立工場や関連する工場が協力して，必要な部品を，必要なときに，必要な数・種類だけ供給するので，在庫が不要になる利点がある。

東海地方には中京工業地帯と東海工業地域が発達しているね。

豊田市は，自動車会社の名前にちなんで市名を変えたよ。

中部地方の工業・交通 STEP2

要点をチェック

〈中部地方各県の工業〉

- 【輸送用機械】工業の製造品出荷額では，豊田市のある愛知県と，浜松市のある静岡県が第1位・第2位を占める。

- 鉄鋼業の製造品出荷額は，東海市のある【愛知】県が第1位である。

- 【紙・パルプ】工業の製造品出荷額は，富士市がある静岡県が第1位で，愛知県も上位に入る。

- 窯業は，瀬戸市のある【愛知】県が第1位で，多治見市のある【岐阜】県も上位に入る。

- 繊維工業の製造品出荷額では，一宮市などのある【愛知】県が第1位である。

輸送用機械工業 68兆1009億円

| 愛知県 39.1% | 静岡県 6.3 | 神奈川県 5.5 | 群馬県 4.9 | 福岡県 4.9 | その他 39.3 |

鉄鋼業 17兆8161億円

| 愛知県 13.5% | 兵庫県 11.0 | 千葉県 9.1 | 大阪府 8.2 | 広島県 6.7 | その他 51.5 |

紙・パルプ工業 7兆7420億円

| 静岡県 11.3% | 愛媛県 7.4 | 埼玉県 6.6 | 愛知県 5.9 | 北海道 5.0 | その他 63.8 |

窯業 7兆7862億円

| 愛知県 11.0% | 岐阜県 5.1 | 滋賀県 4.9 | 福岡県 4.9 | 茨城県 4.4 | その他 69.7 |

食料品工業 30兆1148億円

| 北海道 7.4% | 埼玉県 6.8 | 愛知県 5.8 | 神奈川県 5.6 | 兵庫県 5.7 | 滋賀県 5.8 | その他 68.7 |

繊維工業 3兆8740億円

| 愛知県 9.6% | 大阪府 7.8 | 福井県 6.1 | 岡山県 6.1 | その他 64.6 |

（2019年 経済産業省資料より）

各工業のさかんな都道府県（上位5都道府県）

〈中部地方の交通〉

- 中部地方には，東海道新幹線のほかに，上越新幹線や【北陸】新幹線も通っている。

- 中部地方には東名高速道路，名神高速道路，中央自動車道のほかに，東海北陸自動車道，長野自動車道，上信越自動車道などが南北に走っている。

（2023年）

東海道・上越・北陸新幹線

▪ 右の地図は，北陸地方のおもな伝統的工芸品の産地を表している。①〜⑤に当てはまる品名を，次のア〜オからそれぞれ選びなさい。

ア　越前和紙
イ　九谷焼
ウ　輪島塗
エ　小千谷縮
オ　越中和紙

①【エ】　②【オ】　③【ウ】　④【イ】　⑤【ア】

▪ 次の地図は日本の自動車工場と半導体工場の分布を，それぞれ示している。これを説明した次の文の空欄①〜⑤に当てはまる言葉を，下のア〜クからそれぞれ選びなさい。

（洗足学園中など）

（いずれも2022年　半導体工場ハンドブックおよび日本自動車工業会資料より）

　どちらも東海地方の（　①　）や静岡県に多く分布しているが，左の地図は北海道地方から九州地方まで日本全国に広く分布していて，全体の数も右の地図にくらべ（　②　）。右の地図は，（　①　）に密集しており，あとは（　③　）地方の内陸部や広島県，福岡県に分布している。したがって，左が（　④　），右が（　⑤　）と考えられる。

ア　関東　　イ　中部　　ウ　愛知県　　エ　長野県　　オ　少ない
カ　多い　　キ　自動車工場　　ク　半導体工場

①【ウ】　②【カ】　③【ア】　④【ク】　⑤【キ】

93

テーマ44 関東地方の自然

要点をチェック ✏️

- 関東地方には日本最大の平野である【関東平野】が広がり，西は関東山地，北は越後山脈や阿武隈高地に囲まれている。

- 関東平野は，大きく台地と低地に分けられる。台地は，浅間山や富士山などの火山の噴火による火山灰が積もってできた，【関東ローム】と呼ばれる赤土におおわれている。

- 日本最大の流域面積をもつ【利根川】や，荒川，多摩川などの下流域は低い土地になっている。

- 東京湾では工業用地を得るための【埋め立て】が広く行われ，自然のままの海岸線ではない地域が多い。→液状化現象が起きやすい。

関東地方の自然

- 千葉県の九十九里平野の沿岸にある【九十九里浜】は，なだらかな海岸線が続く砂浜海岸である。

- 関東地方の内陸部は，冬の北西の季節風が日本海側に雪を降らせた後に，【からっ風】と呼ばれる乾燥した風となって吹きおろす。夏は高温となり，山沿いでは雷雨が発生しやすい。

- 関東地方の沿岸部は，沖合を流れる暖流の日本海流（黒潮）の影響で気候は温暖である。千葉県の【房総】半島や，神奈川県の三浦半島では冬でも野菜や草花の栽培が行われている。

- 東京都に属し，世界自然遺産に登録されている【小笠原諸島】は，亜熱帯の気候に属する。

- 東京など大都市の都心部は，周辺地域より気温が高くなる【ヒートアイランド】現象が見られる。

ゼッタイに押さえるべきポイント

□【越後】山脈をこえて吹きおろすからっ風が，関東地方の内陸部に乾燥した晴天をもたらす。

□利根川は日本で最も【流域面積】が広い。　　　　　　（江戸川学園取手中など）

□千葉県の【九十九里浜】は，なだらかな海岸線が60km以上も続く日本を代表する砂浜海岸である。

□東京などの大都市では，短時間に局地的に大雨が降る【ゲリラ】豪雨などの問題が起きている。◀できたらスゴイ!　　　　　　　　　　（海陽中など）

□東京湾沿岸に広がる埋め立て地では，東日本大震災の際，地中の水圧が高まって地面が陥没したり，水や砂がふき上がったりする【液状化】現象が起こった。　　　　　　　　　　　　　　　　　　　（白百合学園中など）

□神奈川県の【三浦】半島では，温暖な気候を利用し，野菜や草花の栽培がさかんに行われている。

入試で差がつくポイント　解説➡p154

□東京などの大都市でヒートアイランド現象が起こる原因について，簡単に説明しなさい。　　　　　　　　　　　　　　　（青山学院中等部など）

> 例：都市部では道路の舗装部分が広く建物の数も多いことから，大気があたたまりやすいため。
> 例：都市部では建物が密集しており，風通しが悪くなってしまうため。
> 例：建物や工場，自動車などの排熱が増加しているため。

□次の①～③の雨温図に当てはまる都市を，それぞれ下から選びなさい。

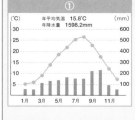
① 年平均気温 15.8℃　年降水量 1598.2mm

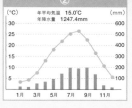
② 年平均気温 15.0℃　年降水量 1247.4mm

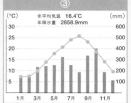
③ 年平均気温 16.4℃　年降水量 2858.9mm

（いずれも『理科年表 2023年』より）

ア　大島（伊豆大島）　　イ　東京　　ウ　前橋

①【イ】　②【ウ】　③【ア】

要点をチェック

- 関東地方には，東京のほか横浜市，川崎市，千葉市，さいたま市などの大都市がある。関東平野では大都市向けにほうれんそう，ねぎ，にんじん，大根などの野菜や花を栽培する，【近郊農業】がさかんである。

- 関東地方では，大都市に近いことを生かして，牛乳，鶏の【卵】などの生産もさかんである。

- 群馬県ではこんにゃくの原料となる【こんにゃくいも】の栽培がさかんである。

- 栃木県では，かんぴょうの生産がさかんで，県の特産物となっている。

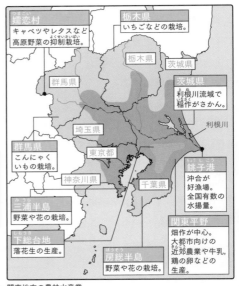

嬬恋村
キャベツやレタスなど高原野菜の抑制栽培。

栃木県
いちごなどの栽培。

栃木県

茨城県

群馬県

茨城県
利根川流域で稲作がさかん。

埼玉県

利根川

群馬県
こんにゃくいもの栽培。

東京都

神奈川県

千葉県

銚子港
沖合が好漁場。全国有数の水揚量。

三浦半島
野菜や花の栽培。

下総台地
落花生の生産。

房総半島
野菜や花の栽培。

関東平野
畑作が中心。大都市向けの近郊農業や牛乳，鶏の卵などの生産。

関東地方の農林水産業

- 群馬県の浅間山の山麓にある【嬬恋】村は，夏でも涼しい気候を利用してキャベツやレタスなどの高原野菜が，抑制栽培で生産されている。

- 栃木県では，とちおとめに代表される【いちご】の栽培がさかんである。

- 千葉県では【日本なし】の栽培がさかんで，全国第1位の生産量がある。また，下総台地ではピーナッツとも呼ばれる【落花生】の生産もさかんである。

- 茨城県ではれんこんやメロンなどの栽培がさかんである。

- 沖合を暖流の日本海流（黒潮）が流れる，神奈川県の三浦半島や千葉県の【房総】半島では，冬でも温暖な気候を利用して野菜や草花の栽培がさかんである。

- 千葉県の銚子沖の太平洋は好漁場で，【銚子港】は日本有数の水揚量をほこる。

茨城県や千葉県の利根川流域では，稲作がさかんだよ。

ゼッタイに押さえるべきポイント 🖊

□茨城県は南部の利根川流域で【稲作】がさかんで、関東地方の中では米の生産量が最も多い。

□関東地方では、埼玉県のねぎや茨城県のはくさいなどのように、大都市の近くで大都市向けに行う【近郊】農業がさかんである。 （城北中など）

□浅間山の山麓でさかんな、キャベツやレタスなど高原野菜の抑制栽培は、保冷トラックで大都市に運ばれるので【輸送園芸】農業とも呼ばれる。

□鶏の【卵】は、野菜などに比べると、土地が広くなくても生産ができるため、大都市に近いところでもさかんにつくられている。

□関東平野には、稲作に不向きな【関東ローム】と呼ばれる赤土が広がっており、畑作や畜産がおもに行われている。 （淑徳与野中など）

📖 入試で差がつくポイント 解説→p155

□大都市に近いところで近郊農業がさかんな理由を、生産する立場、消費する立場の両方から、それぞれ簡単に説明しなさい。

> 例：生産者の立場からすると、農産物を輸送する距離が短く、輸送費が安いという利点があるため。消費者の立場からすると、新鮮なうちに食べることができるという利点があるため。

□右の地図の①〜④の都道府県で生産がさかんな農産物を、次のア〜エからそれぞれ選びなさい。

ア　こんにゃくいも　　イ　いちご
ウ　日本なし　　　　　エ　れんこん

①【ア】
②【イ】
③【エ】
④【ウ】

大都市周辺の県では、畑作を中心とする近郊農業がさかんだね。

要点をチェック

- 東京湾の西岸を中心に【京浜】工業地帯が発達し，それに続く形で東岸に【京葉】工業地域が広がっている。

- 内陸部には，高速道路のインターチェンジ近くに工業団地が多く見られる【関東内陸工業地域】（北関東工業地域）が発達している。

- 茨城県の鹿嶋市には，人工の掘込港が建設され【鹿島臨海】工業地域が整備された。

- 東京は日本の【首都】で，政治・経済・文化の中心である。また，ニューヨークやロンドンなどと並ぶ世界都市（国際都市）でもある。

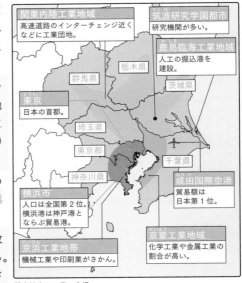

関東内陸工業地域
高速道路のインターチェンジ近くなどに工業団地。

筑波研究学園都市
研究機関が多い。

鹿島臨海工業地域
人工の掘込港を建設。

栃木県

群馬県

茨城県

東京
日本の首都。

埼玉県

東京都

千葉県

神奈川県

横浜市
人口は全国第2位。横浜港は神戸港とならぶ貿易港。

成田国際空港
貿易額は日本第1位。

京浜工業地帯
機械工業や印刷業がさかん。

京葉工業地域
化学工業や金属工業の割合が高い。

関東地方の工業・交通

- 中心部にある丸の内や霞ヶ関などの都心に対して，東京都庁のある新宿や，池袋・渋谷などは【副都心】と呼ばれる。

- 茨城県つくば市には，研究機関や大学が集中する【筑波研究学園都市】が建設されている。

- 横浜市の人口は東京23区に次いで全国第2位で，横浜港は日本有数の貿易港である。

- 【羽田空港】とも呼ばれる東京国際空港は国内航空路線の中心ともなっている。

- 東京周辺は鉄道などの交通機関が発達しており，近隣の県から多くの通勤・通学者が流入するので，東京都の昼間人口は夜間人口より【多い】。東京を中心に【東京大都市圏】が形成されているが，都市問題も発生している。

- 関東地方の内陸部にはかつて住宅不足を解消するために【ニュータウン】が建設され，東京や横浜市の臨海部には近年，【再開発】によって多くの商業施設などがつくられている。

ゼッタイに押さえるべきポイント 🖊

□京浜工業地帯は【機械】工業の割合が高い。また，情報の中心地である東京の都心部では【印刷】工業が発達している。

□京葉工業地域は化学工業や【金属】工業の割合が高い。

□関東内陸工業地域では，高速道路のインターチェンジ近くに多くの工場が集まった【工業団地】が形成されている。

□東京都は近隣の県から通勤や通学してくる人が多いので，【昼間】人口の方が【夜間】人口よりも多くなっている。

□在留外国人数は，都道府県別に見ると【東京都】が最も多い。関東内陸工業地域の電気器具や自動車の組み立て工場では，日系の【ブラジル】人をはじめとする外国人労働者が多く働いている。 できたらスゴイ! （青稜中など）

□成田国際空港の貿易額は港をふくめても全国第【1】位で，【集積回路】（ IC）や医薬品など高価で軽い製品の輸入が多い。

📖 入試で差がつくポイント 解説→p155

□東京など大都市に人口が集中することで発生するさまざまな都市問題の例を，具体的に4つあげなさい。 （立教新座中など）

> 例：①住宅が不足する，②土地の価格が上がる，③ごみが大量に発生する，④道路や鉄道の混雑がはげしくなるなど。

□関東地方の工業について述べた，次のア〜エの文のうち，誤っているものを1つ選びなさい。

ア　京浜工業地帯にふくまれる東京都では，印刷工業が他の都道府県よりもさかんである。

イ　京葉工業地域は，機械工業の方が化学工業よりも製造品出荷額に占める割合が高い。

ウ　関東内陸工業地域では，高速道路のインターチェンジ付近などに組み立て型の機械工業が発達している。

エ　鹿島臨海工業地域は，人工の掘込港を中心に形成されており，金属工業が発達している。

【イ】

テーマ47 東北地方の自然

- 東北地方の中央部には，南北に【奥羽】山脈が走り，さらに日本海側には出羽山地や世界自然遺産に登録されている【白神】山地，太平洋側には【北上】高地や阿武隈高地がある。

- 北上川の流域には北上盆地，最上川の流域には【山形】盆地，阿武隈川の流域には福島盆地などが形成されている。

- 岩木川の下流には【津軽】平野，雄物川の下流には秋田平野，最上川の下流には【庄内】平野，【北上川】の下流には仙台平野が広がっている。

- 太平洋岸の三陸海岸南部には，複雑な海岸線が特徴の【リアス海岸】が見られる。

- 東北地方は全般に冷涼な気候で，南北に長いので北に行くほど冬の寒さが厳しくなる。

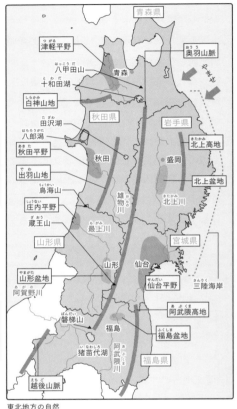

東北地方の自然

- 日本海側は，夏は気温が上がって晴天の日が続くが，冬は北西の季節風の影響で【降水量】（降雪量）が多い。

- 太平洋側は，冬は奥羽山脈を越えた乾いた風が吹き下すため，降水量は多くない。初夏から夏にかけて，寒流の千島海流（親潮）の上を【やませ】と呼ばれる冷たく湿った北東からの風が吹くと，くもりの日が続いて日照時間が少なくなる。その影響で，農作物が十分に育たない【冷害】が起こる。

問題演習

ゼッタイに押さえるべきポイント ✏️

□【奥羽】山脈は，東北地方を背骨のように連なる山脈で，東北地方を太平洋側と日本海側とに分けている。 （日本大学第三中など）

□【白神】山地は，世界自然遺産に登録されている。

□青森県と秋田県の境にある【十和田】湖は，火山の噴火によってできたカルデラに水がたまってできた湖である。

□庄内平野を流れる【最上】川は富士川，球磨川とともに三大急流の1つに数えられている。

□東北地方の太平洋側に，初夏から夏にかけて吹く北東の冷たく湿った風を，【やませ】という。 （立教女学院中など）

□2011年に起きた【東日本大震災】では，津波の被害が大きくなりやすいリアス海岸が広がる，三陸海岸周辺などで大きな被害が出た。

（東京学芸大学附属世田谷中など）

📖 入試で差がつくポイント　解説➡p155

□東北地方の太平洋側の地域に吹くやませの，農業への影響について，簡単に説明しなさい。 （清泉女学院中など）

> 例：初夏に冷たく湿った北東の風であるやませが吹くと，くもりの日が続いて日照時間が少なくなり，農作物が十分に育たない冷害が起こることがある。

□次の①～③の雨温図に当てはまる都市を，下のア～ウからそれぞれ選びなさい。

ヒント ほぼ同緯度にある3都市だが，①は冬の降水量が多い。②は③に比べて冬の気温が低く，夏の気温が高い。なお，宮古は岩手県の三陸海岸沿岸の都市である。

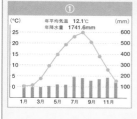

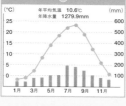

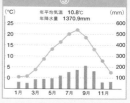

（いずれも『理科年表 2023年』より）

ア　宮古　　イ　盛岡　　ウ　秋田

①【ウ】　②【イ】　③【ア】

要点をチェック

- 東北地方では,【八郎潟】を干拓してつくられた秋田県大潟村,山形県の【庄内】平野,宮城県の仙台平野,秋田県の秋田平野などで【稲作】がさかんである。

- 東北地方は新潟県や北海道とならぶ穀倉地帯で,各県の米の生産量を合計すると,全国の約4分の1を占める。

- 東北地方の太平洋側は,やませによる【冷害】に対応するため,農家は短期間で成長する品種の開発,水田の水温を保つ工夫などをしてきた。

- 青森県の【津軽】平野では,りんごの生産がさかんである。りんごは涼しい気候を好むので,東北地方の各県や長野県でさかんに栽培されている。

- 山形県は,【さくらんぼ】や西洋なしの生産量が第1位である。

陸奥湾
ほたての養殖。

津軽平野
りんごの日本一の産地。

秋田県の林業
秋田すぎが有名。

大潟村
八郎潟の干拓で耕地となる。

秋田平野
稲作がさかん。

庄内平野
稲作がさかん。

山形盆地
さくらんぼや西洋なしの栽培。

福島盆地
ももの栽培。

青森県の林業
青森ひばが有名。

八戸港
東北地方で水揚量が多い港。

北上高地
酪農がさかん。

仙台平野
稲作。

三陸海岸南部
リアス海岸でわかめやこんぶなどの養殖。

青森県
秋田県
岩手県
宮城県
山形県
福島県

東北地方の農林水産業

- 岩手県の北上高地では【酪農】がさかんで,乳牛が飼育されている。

- リアス海岸が続く【三陸海岸】では,波の静かな湾の奥でわかめ,【こんぶ】,かき,ほたてなどの養殖が行われている。これらは東日本大震災で大きな打撃を受けたが,しだいに復興してきている。

- 三陸海岸の沖合は,北から流れる【寒流】の千島海流(親潮)と,南から流れる【暖流】の日本海流(黒潮)が出合う【潮目】(潮境)で,好漁場となっている。青森県の【八戸港】や宮城県の気仙沼港は日本有数の漁港である。

ゼッタイに押さえるべきポイント🖊

☐東北地方や北陸地方は，冬は積雪で農作業ができないので，春から秋にかけて1年に1回稲作を行う【水田単作】地帯となっている。

（藤嶺学園藤沢中など）

☐青森県は，津軽平野などで栽培される【りんご】の生産量が日本一である。
（日本女子大学附属中など）

☐【さくらんぼ】の生産量は山形県が第1位で，北海道が第2位である。

☐【もも】の生産量は山梨県が第1位で，福島県が第2位，長野県が第3位である。
（日本女子大学附属中など）

☐宮城県の金華山沖には，寒流と暖流が出合う【潮目】（潮境）がある。
（開智日本橋中など）

☐青森ひば，【秋田すぎ】は長野県の木曽ひのきとともに天然の三大美林と呼ばれている。

📖 入試で差がつくポイント　解説➡p155

☐東北地方の日本海側には，地域でとれる農産物を使ったさまざまな漬け物が見られる。これらが現在まで受け継がれてきた理由を，気候に着目して簡単に説明しなさい。

> 例：冬の積雪に備えるため，保存食として
> 作られてきたから。

☐右の地図の①～④の地域で栽培がとくにさかんな農産物を，次のア～エからそれぞれ選びなさい。

ア　りんご　　　　イ　もも
ウ　さくらんぼ　　エ　米

①【ア】
②【エ】
③【ウ】
④【イ】

要点をチェック✎

- 東北地方には，地元産の材料を用いて，古くからの製造技術を受け継いでつくられてきた，さまざまな【伝統的工芸品】がある。

東北地方の交通

〈東北地方の伝統的工芸品〉
- 青森県…津軽塗
- 岩手県…南部鉄器，浄法寺塗，秀衡塗
- 秋田県…樺細工，大館曲げわっぱ
- 山形県…天童将棋駒，置賜紬
- 宮城県…宮城伝統こけし，雄勝硯，仙台たんす
- 福島県…会津塗

- 岩手県釜石市では，近くでとれる鉄鉱石を原料とした【鉄鋼業】が古くから発達していた。

- 高度経済成長期には，農業ができない冬に東北地方から関東地方の大都市などへ【出かせぎ】に行く人が多くいた。

- 1970年代以降，東北地方に東北自動車道をはじめとする交通網が整備されると，各地に【工業団地】がつくられた。

- 東北地方では，製品の輸送に便利なように，空港や高速道路の【インターチェンジ】の近くに，集積回路（ＩＣ）や自動車などの組立工場がつくられている。

- 東北地方には，【東北】新幹線のほかに，在来線の線路を利用した秋田新幹線や山形新幹線が走っている。

- 宮城県の【仙台市】は政令指定都市であり，東北地方の地方中枢都市で，国の機関や企業の支社などが置かれている。

- 東北地方には，青森県の【青森ねぶた祭】，秋田県の【秋田竿燈まつり】，山形県の山形花笠まつり，宮城県の仙台七夕まつりなど，規模の大きな夏祭りが各地で開催されており，毎年多くの人でにぎわっている。

ゼッタイに押さえるべきポイント ✎

□岩手県の盛岡市や奥州市でつくられている【南部鉄器】は，最初に伝統的工芸品の指定を受けたものの1つである。

□山形県の伝統的工芸品には，天童市でつくられている【天童将棋駒】や置賜紬などがある。 　　　　　　　　　　　　　　　　　　　　（慶應義塾中等部など）

□津軽塗は，【青森】県の弘前市などでつくられている。

□会津塗は，【福島】県の会津若松市などでつくられている。

□東北自動車道沿いの地域には，【集積回路】(IC)の工場が多く立地しており，シリコンロードと呼ばれている。 　　　　　　　　　　　　　（吉祥女子中など）

□【東北】新幹線は，東京駅と新青森駅間を結んでいる。

📖 入試で差がつくポイント 　解説→p155

□2011年に発生した東日本大震災の直後，大きな被害を受けなかった愛知県の自動車工場の生産が停止する事態となった。このような事態になった理由を，簡単に書きなさい。

> 例：東北地方の自動車部品工場で生産された
> 　　部品を愛知県の工場まで運び，自動車を
> 　　組み立てているが，震災によって愛知県
> 　　の工場まで部品が届かなくなったから。

□右の地図の①～⑥の各県でつくられている伝統的工芸品を，次のア～カからそれぞれ選びなさい。
　　　　　　　　　　　　　　　　（鎌倉学園中など）

ア　会津塗　　　　　イ　大館曲げわっぱ
ウ　宮城伝統こけし　エ　天童将棋駒
オ　南部鉄器　　　　カ　津軽塗

①【カ】　②【オ】
③【イ】　④【エ】
⑤【ウ】　⑥【ア】

要点をチェック

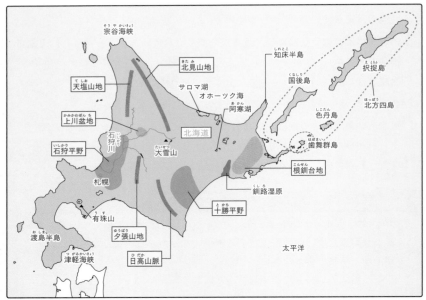

北海道地方の自然

- 北海道地方は日本の最も北に位置し，東北地方とは【津軽】海峡でへだてられている。北のサハリン（樺太）とは【宗谷】海峡でへだてられている。

- 北海道の道庁所在地である札幌市は，【石狩】川が流れる【石狩】平野にある。

- 中央部には北見山地や【日高】山脈が南北に走る。これらの山地・山脈の西側には【上川】盆地が，東側には【十勝】平野や根釧台地が広がる。

- 南西部の洞爺湖付近に火山の【有珠山】，中央部に大雪山がある。

- 北東部の【知床】半島は世界自然遺産に登録されている。

- 釧路湿原は【ラムサール条約】に，日本で初めて登録された湿原である。

- 北海道は【冷帯】（亜寒帯）に属し，冬の寒さが厳しいが，本州以南で初夏に見られる梅雨の影響はほとんど受けない。

- 春先のオホーツク海沿岸には，観光資源となっている【流氷】が流れ着く。

- 【択捉島】・国後島・色丹島・歯舞群島の北方四島は，ロシア連邦に占拠されており，日本は返還を求めている。（北方領土問題）

ゼッタイに押さえるべきポイント ✏

□オホーツク海につき出た【知床】半島は世界自然遺産に登録されている。

（中央大学附属横浜中など）

□北海道の東部にある【釧路湿原】は，ラムサール条約に日本で最初に登録された。

□洞爺湖の南にある【有珠山】は，2000年に大きな噴火を起こした。

□北海道の太平洋側は，夏の湿った南東の季節風が寒流の千島海流で冷やされて【濃霧】が発生するので，晴れの日が少なくなる。

□北海道の地名には，先住民族である【アイヌ】の人々が使っていた言葉から取ったものが多くある。　　　　　　　　　　　（中央大学附属横浜中など）

□日本最北端の島である【択捉】島は現在，国後島，色丹島，歯舞群島とともにロシア連邦に占拠されている。これを【北方領土】問題という。

📖 入試で差がつくポイント　解説→p155

□寒さの厳しい北海道で，住宅に見られる工夫を，①窓や玄関，②屋根の形，③暖房器具について，それぞれ簡単に説明しなさい。

> 例：①窓や玄関を二重にしている。
> ②雪が落ちやすいよう屋根の傾斜をきつくする。屋根に雪止めをつける。
> ③灯油タンクが室内の暖房器具とつながっている。

□次の①～③の雨温図に当てはまる都市を，下のア～ウからそれぞれ選びなさい。

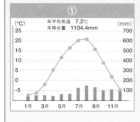

①
年平均気温　7.2℃
年降水量　1104.4mm

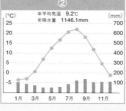

②
年平均気温　9.2℃
年降水量　1146.1mm

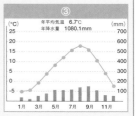

③
年平均気温　6.7℃
年降水量　1080.1mm

（いずれも『理科年表 2023年』より）

ア　札幌　　イ　釧路　　ウ　旭川

①【ウ】　　②【ア】　　③【イ】

北海道地方の農林水産業

要点をチェック

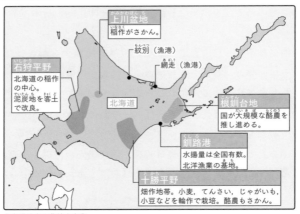

北海道地方の農林水産業

- 稲は生長期に高温多雨な自然条件（気候条件）を必要とするが，【品種改良】を進めた結果，冷帯（亜寒帯）の気候が広がる北海道でも栽培が可能になった。

- 石狩川が流れる【石狩】平野と【上川】盆地が稲作の中心地である。石狩平野は【泥炭地】が広がる農業に適さない地であったが，土を入れかえる【客土】を行ったことで，現在は日本有数の稲作地帯となっている。

- 【十勝】平野では，小麦，大豆，てんさい，じゃがいも，小豆などの【畑作】がさかんである。地力を保つため，土地をいくつかに分けて，年ごとに栽培する作物を変える【輪作】が大規模に行われている。

- 十勝平野では畑作のほかに，夏の涼しい気候を生かした【酪農】もさかんで，乳製品の生産量も多い。

- 【根釧台地】には火山灰地が広がり，冷涼な気候のため畑作にも稲作にも適さなかった。開発が行われ，現在は【酪農】が農業の中心となっている。

- 北海道では，広大な土地を生かして，機械を使った【大規模】な農業が行われている。このような農業を大農法という。

- 【釧路港】は，北太平洋でサケ・マス・カニなどをとる【北洋】漁業の根拠地であり，全国有数の水揚量をほこる。オホーツク海でも漁業がさかんで，紋別港や【網走港】などがその拠点となっている。

ゼッタイに押さえるべきポイント ✏️

☐北海道の稲作は，明治時代の初めには南部だけで行われていたが，【品種改良】が進んだ結果，栽培地はしだいに北側に広がった。

☐かつて石狩平野には，農業に適さない【泥炭地】が広がっていた。しかし，【客土】という土地改良が行われ，開拓が進められた。（豊島岡女子学園中など）

☐都道府県別に見たとき，北海道の米の生産量は，【新潟】県と並んで全国有数である。　　　　　　　　　　　　　　　　　　　　　　　（湘南学園中など）

☐北海道は，豆腐などの原料である【大豆】や，あんこなどの原料である【小豆】の生産量がともに全国第1位である。

☐【たまねぎ】の生産では北海道が全国の約60％をしめており，2位以下の兵庫県や佐賀県を大きく引きはなしている。

☐じゃがいもの生産量は北海道が全国第1位となっており，【十勝】平野でさかんにつくられている。　　　　　　　　　　　　　　　　（早稲田中など）

☐北海道でさかんに栽培されている【てんさい】は，砂糖大根やビートとも呼ばれ，砂糖の原料となる。　　　　　　　　　　　　　　　（洗足学園中など）

☐北海道は肉牛と【乳用】牛の飼育頭数がともに全国第1位である。

（洗足学園中など）

☐夕張地方はかつて石炭の産地であったが，炭田の閉鎖後は，【メロン】の栽培がさかんになり，地域名をつけたブランドで知られている。 できたらスゴイ！

（早稲田中など）

📖 入試で差がつくポイント　解説➡p155

☐北海道で行われている大規模な農業の利点を，小規模な農業と比べながら，簡単に説明しなさい。

ヒント 少ない人数で大規模に行うためにどのような工夫がされているかを考えよう。

> 例：せまい土地に多くの人手や肥料を投入して集約的に行う農業と比べて，広い土地で大型の機械を利用することで，効率的に行うことができる。

> 北海道の農業は，本州以南と比べて規模が大きく，農家1戸当たりの平均耕地面積は全国平均の10倍以上にもなるよ。

テーマ52
北海道地方の工業・交通

要点をチェック

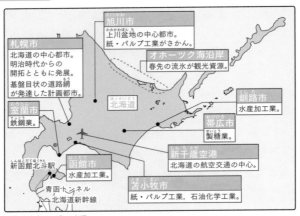

北海道地方の工業・交通

- 苦小牧市や旭川市では，周辺の森林資源を利用した【紙・パルプ】工業が発達している。太平洋沿岸の【苫小牧】市では石油化学工業もさかんである。

- 製鉄所のある室蘭市では【鉄鋼業】が発達している。

- 農林水産業がさかんな北海道では，バターやチーズ，牛乳やビールなどをつくる【食料品工業】が発達している。帯広市では製糖業，函館市や釧路市では【水産加工業】がおこなわれている。

- 青函トンネルを利用して，2016年に新青森駅と新函館北斗駅を結ぶ【北海道新幹線】が開業した。

- 北海道の航空交通の中心は，札幌市の近くにある【新千歳空港】である。

- 北海道の【屯田兵】による開拓が進むなか，札幌市は明治時代に【開拓使】という役所が置かれ，道路が碁盤目状に整備された。

- 北海道では，雪や寒さをいかした【観光業】もさかんである。札幌市で2月に行われる「【さっぽろ雪まつり】」は国内外から多くの観光客が訪れる。西部のニセコは，東南アジア諸国や南半球の国からも多くの観光客が訪れる。

- 北海道には，貴重な自然が残されているが，環境の保全と観光を両立させる【エコツーリズム】の取り組みが進められている。

ゼッタイに押さえるべきポイント

☐ 【札幌市】は開拓にともなって計画的につくられた都市であるため，市の中心部は道路が碁盤目状に整備されている。

☐ 北海道は豊富な森林資源を生かした紙・パルプ工業が，太平洋沿岸の【苫小牧市】や，中央部の旭川市などでさかんである。

☐ 北海道では，農業や水産業がさかんであるため，牛乳からバターやチーズに加工したり，魚を缶詰などに加工する，【食料品】工業がさかんである。

☐ 北海道新幹線は，津軽海峡の海底に建設された【青函】トンネルを通って，新函館北斗駅と新青森駅を結んでいる。

☐ 北海道の製造品出荷額は，【食料品】工業が最も多い。

☐ 春先，北から流れ着く【流氷】を目当てに，オホーツク海沿岸に多くの観光客が訪れる。

入試で差がつくポイント 解説→p155

☐ 近年，北海道を訪れるオーストラリアからの観光客が増えている。日本のほぼ真南に位置するオーストラリアの人々から見て，北海道は自然以外にどのような魅力があると考えられるか。簡単に説明しなさい。

（浅野中など）

> 例：オーストラリアは，日本とほぼ同じ経度にあり，時差が少ない点。

☐ 右の地図の①～③の地域でさかんな工業の種類を，次のア～ウからそれぞれ選びなさい。
ア　水産加工業　　イ　鉄鋼業
ウ　紙・パルプ工業

　　①【イ】　　②【ウ】　　③【ア】

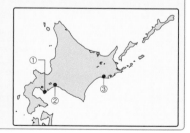

北海道では，地元の農林水産品を利用した工業がさかんな一方，自然を資源とした観光業も伸びているよ。

要点をチェック

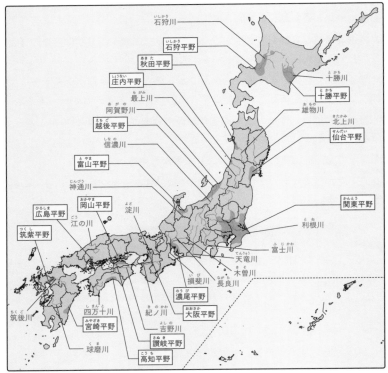

日本の平野・川

- 北海道には，石狩川の下流に広がる【石狩】平野などがある。

- 東北地方の太平洋側に位置する仙台平野，日本海側に位置し，最上川の下流に広がる【庄内】平野では稲作がさかんである。

- 関東地方には，日本最大の【関東】平野，流域面積最大の【利根川】がある。

- 中部地方には，日本で最も長い【信濃川】が流れている。

- 川が山地から平地に出るところにできる扇形の土地を【扇状地】といい，中央部はおもに【果樹園】などに利用され，末端部には集落が見られる。

- 川の河口部にできる三角形の土地を【三角州】といい，おもに【水田】に利用されてきたが，最近は住宅地としても利用されている。

ゼッタイに押さえるべきポイント ✎

□日本で流域面積が最大の川は【利根川】である。

□日本で最も長い【信濃川】は，長野県内では千曲川（ちくまがわ）と呼ばれている。

（高槻中など）

□木曽三川のうち，【木曽川】は最も東側を流れている。

□筑紫平野を流れる【筑後川】は，利根川が坂東太郎とも呼ばれているのに対して筑紫次郎とも呼ばれている。

□四国地方を流れる【吉野川】は四国三郎とも呼ばれている。

□【最上川】，富士川，球磨川は日本三大急流と呼ばれている。

□【関東平野】は日本最大の平野である。

□最上川の下流に広がる【庄内】平野や，信濃川の下流に広がる【越後】平野では，稲作がさかんである。

□関東平野，濃尾平野，淀川が流れる【大阪】平野などでは，大消費地に近いため，近郊農業がさかんである。

📖 入試で差がつくポイント 解説➡p155

□外国と比べた日本の川の特徴（とく）ちょうを，右の図を参考にして，長さと流れに着目して簡単に説明しなさい。

> 例：長さが短く，流れが急である。

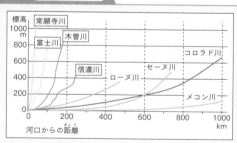

□日本の川について述べた文章のうち，誤っているものを1つ選びなさい。

ア 信濃川は，長野県では千曲川（ちくまがわ）と呼ばれ，新潟県で信濃川と呼ばれるようになる。

イ 利根川の支流には，鬼怒川（きぬがわ）や渡良瀬川（わたらせがわ）などの河川がある。

ウ 石狩川は，石狩平野を蛇行（だこう）しながら流れており，流域には三日月湖（みかづきこ）が見られる。

エ 淀川は，滋賀県では宇治川（うじがわ），京都府では瀬田川（せたがわ）と呼ばれる。

【エ】

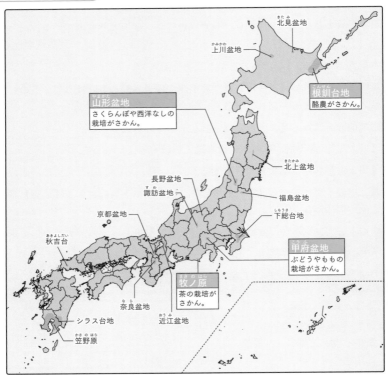

テーマ54 日本の盆地・台地

要点をチェック

日本の盆地・台地

- 盆地では，昼夜の寒暖の差が大きい。

  →寒暖の差を利用した果物の栽培などがさかんである。

- 盆地や平野には扇状地が見られる。扇状地は水はけがよいため水田に向かず，果物の栽培に利用されている地域が多い。

  →山梨県の【甲府】盆地の扇状地がその代表である。

- 根釧台地，武蔵野，笠野原などの台地は，【火山灰】が積もってできた土地であり，水はけがよく水田に向かないため，畜産や畑作が行われている。

- 山口県の秋吉台には，石灰岩台地が浸食，風化されてできた【カルスト】地形がみられる。

ゼッタイに押さえるべきポイント ✏️

☐ 北海道東部の【根釧台地】は冷涼な気候のため稲作や畑作には適さず，第二次世界大戦後に牧草地づくりが進められ，大規模な酪農地帯となった。

（慶應義塾中等部など）

☐ 山形盆地では，昼夜の寒暖の差が大きい気候を利用し，【さくらんぼ】や西洋なしなどの果物の栽培がさかんである。　　　　　（吉祥女子中など）

☐ 千葉県に広がる下総台地では，【日本なし】の栽培がさかんで，日本一の生産量をほこる。

☐ 扇状地の広がる山梨県の【甲府盆地】では，水はけのよい土地に適した果物の栽培がさかんである。　　　　　　　　　　　　　（吉祥女子中など）

☐ 静岡県の牧ノ原では，明治時代以降，職を失った士族によって開拓が進められ，【茶】の大産地となった。

☐ 山口県の【秋吉台】は石灰岩でできた台地で，鍾乳洞の秋芳洞がある。

☐ 九州南部の笠野原は【火山灰】でできた台地で，水持ちが悪く稲作には適さないことから，ダムや農業用水を整備して，さつまいもの栽培や大規模な畜産が行われている。

📖 入試で差がつくポイント 　解説➡p156

☐ 盆地に見られる扇状地では，果物の栽培がさかんである。その理由を，土地の特色の観点から簡単に説明しなさい。

> 例：水はけが良いから。

☐ 日本の盆地について説明した次のア～エの文章のうち，誤っているものを1つ選びなさい。

ア　北上川が流れる岩手県の北上盆地では，稲作がさかんに行われている。

イ　関東地方には，関東ロームと呼ばれる泥炭質の土地が広がり，野菜などの栽培が行われている。

ウ　甲府盆地には，扇状地を利用した果樹園が広がり，果物の栽培がさかんである。

エ　奈良盆地では，京阪神の大都市に近いことをいかした近郊農業がさかんである。

【イ】

要点をチェック

フォッサマグナは「大きな溝」という意味だよ。

北見山地
天塩山地
白神山地
日高山脈
出羽山地
奥羽山脈
北上高地

フォッサマグナ（大地溝帯）
日本列島を東日本と西日本に分けると考えられる。
赤いラインはフォッサマグナの西のふち。

越後山脈
阿武隈高地
関東山地
赤石山脈
六甲山地
中国山地
丹波高地
筑紫山地
木曽山脈
飛驒山脈
鈴鹿山脈
紀伊山地
讃岐山脈
四国山地
九州山地

日本の山地・山脈

- 日本の国土は，約【4分の3】が山地で占められている。

- 本州の中央部には3000m級の山々が続く日本アルプスがあり，北から【飛驒山脈】，【木曽山脈】，【赤石山脈】の3つの山脈が連なっている。

- 日本アルプスのうち，飛驒山脈は【北】アルプス，木曽山脈は【中央】アルプス，赤石山脈は【南】アルプスと呼ばれている。

- 日本アルプスの東には【フォッサマグナ】と呼ばれる，本州の中央部を南北にはしる断層が集まった地域がある。

- 新潟県【糸魚川市】と静岡県【静岡市】を結ぶ線（糸魚川・静岡構造線）が，フォッサマグナの西のふちである。

ゼッタイに押さえるべきポイント ✏️

☐北海道の日高山脈の北には，西側に天塩山地，東側に【北見】山地がある。

☐東北地方の中央には【奥羽】山脈が連なり，東北地方を太平洋側と日本海側に分けている。

☐関東地方と中部地方の境になっている山地・山脈は，越後山脈と【関東】山地である。

☐琵琶湖の東にある【鈴鹿】山脈は，滋賀県と三重県の県境となっている。

☐中国地方を南北に分ける【中国】山地の北側を山陰，南側を山陽という。

☐香川県と徳島県の県境には【讃岐】山脈がある。

☐宮崎県と熊本県の県境には【九州】山地がある。

📖 入試で差がつくポイント　解説➡p156

☐右の地図に示されたA〜Jの山地・山脈の名前をそれぞれ答えなさい。

（高田中など）

A 【日高山脈】
B 【奥羽山脈】
C 【越後山脈】
D 【飛騨山脈】
E 【木曽山脈】
F 【赤石山脈】
G 【紀伊山地】
H 【中国山地】
I 【四国山地】
J 【九州山地】

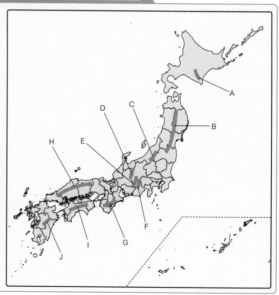

地名のあとに続く「山地」と「山脈」を間違えないように！

要点をチェック✎

日本で2番目に高い北岳や、四国地方で最高峰の石鎚山は火山ではないよ。

▲ …火山
▲ …火山以外

大雪山
岩木山
有珠山
鳥海山
八甲田山
蔵王山
浅間山
磐梯山
御嶽山
大山
八ヶ岳
阿蘇山
富士山
北岳
石鎚山
桜島
雲仙岳(普賢岳)

日本の山・火山

- 地下のマグマやガスが地表に達した時に起こる活動を火山活動という。火山活動でできた地形が火山で、日本は【環太平洋造山帯】に属し、火山が多い。

- 火山が噴火すると、細かな【火山灰】が放出される。マグマが地表に噴出した【溶岩】が流れ出し、ガスと噴出物が高速で流れ落ちる【火砕流】などの災害も起きる。
  →一方、温泉が湧き出るところでは観光地が発達し、【地熱】を利用した発電が行われているところもある。

- 火山の噴火で頂上部が陥没してできた大きなくぼ地を【カルデラ】という。熊本県の【阿蘇山】のものは世界最大級といわれ、内部には集落が形成され、鉄道や道路が通っている。

ゼッタイに押さえるべきポイント ✏️

☐北海道の中央部にそびえる【大雪山】は，北海道で最も高い山である。

☐北海道の洞爺湖近辺にある【有珠山】は，2000年に大きな噴火を起こした。

☐青森県を代表する山である【岩木山】には，津軽富士の別名がある。

☐長野県と山梨県の県境にあり，その山麓で高原野菜の栽培がさかんな山は【八ヶ岳】である。

☐江戸時代には，静岡県と山梨県の県境の【富士山】や，群馬県と長野県の県境の【浅間山】が噴火し，大きな被害が出た。

☐日本で2番目に高い山は【北岳】で，赤石山脈にふくまれる。

☐2014年，長野県と岐阜県の県境の【御嶽山】が噴火し，大きな被害が出た。
（田園調布学園中など）

☐中国地方で最も高い山は【大山】，四国地方で最も高い山は【石鎚山】である。

☐1991年，長崎県の【雲仙岳】（普賢岳）が噴火し，火砕流により大きな被害が出た。

☐鹿児島県と宮崎県に広がるシラス台地は，霧島山や鹿児島湾内にある【桜島】の噴火による火山灰が積もってできた。
（慶應義塾中等部など）

☐およそ1万年以内に噴火した火山や現在も活発に活動している火山を【活火山】といい，全国に111ある。◀できたらスゴイ！

☐日本を8つの地方に区分すると，活火山がないのは【近畿】地方と四国地方のみである。

📖 入試で差がつくポイント 解説➡p156

☐火山をどのように観光や産業に活用できるのか。簡単に説明しなさい。
（金蘭千里中など）

> 例：火山の近くでは温泉が湧き出ることが多く，これが観光資源になる。
> 例：火山の地熱を利用した，地熱発電が可能になる。

「やま」「さん」「だけ」などもふくめて山の名前を覚えよう。

要点をチェック

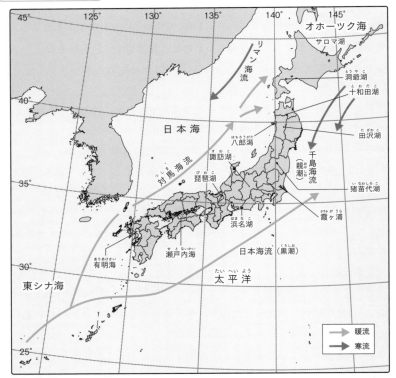

日本の湖・海

- 日本の周辺の海には，大陸から続く，浅くて平らな【大陸棚（たいりくだな）】が発達。
  →深さ200mほどまでの海底が広がる。

- 太平洋の沖合には水深が深い【海溝（かいこう）】がある。

- 日本の近海を流れる日本海流と対馬海流は，【暖流（だんりゅう）】，千島海流とリマン海流は，【寒流（かんりゅう）】である。

- 三陸海岸沖には，暖流の黒潮と寒流の親潮がぶつかる【潮目（しおめ）】（潮境）があり，プランクトンが多く集まるため，好漁場となっている。

- 日本で最も広い湖は滋賀県にある【琵琶湖（びわこ）】である。現在の第2位は茨城県にある霞ヶ浦（かすみがうら）だが，干拓（堤防（ていぼう）を築いて内部の水を排水（はいすい）して陸地をつくること）が行われる前は八郎潟（はちろうがた）が第2位だった。

ゼッタイに押さえるべきポイント ✏️

☐海岸線からゆるやかな傾斜が続く，水深およそ【200】mまでの海底を大陸棚という。 (逗子開成中など)

☐日本で最も大きい湖は，滋賀県にある【琵琶湖】で，第2位は茨城県にある【霞ヶ浦】である。

☐日本で最も深い湖は，秋田県にある【田沢湖】で，透明度が日本一の湖は，北海道の摩周湖である。 <できたらスゴイ!>

☐堤防を築いて内部の水を排水して陸地にすることを【干拓】といい，九州の【有明海】や岡山県の児島湾などで行われた。

☐秋田県の【八郎潟】を干拓した土地につくられた大潟村では，海抜0m以下の土地が広がっている。 (渋谷教育学園渋谷中など)

☐海や川の内部に土砂を入れて陸地をつくることを【埋め立て】といい，高度経済成長期を中心に，都市部で平地を確保するために進められた。この場合，海岸線は直線状になることが多い。 (白百合学園中など)

☐火山の噴火によってできたくぼ地をカルデラといい，ここに水がたまってできた湖を【カルデラ湖】という。北海道の南西部の【洞爺湖】，青森県と秋田県にまたがる【十和田湖】，秋田県の田沢湖などがその代表例である。 <できたらスゴイ!>

📖 入試で差がつくポイント 解説→p156

☐日本の周囲を流れる海流について述べた次のア～エの文章のうち，誤っているものを1つ選びなさい。

ア　日本海流は，南西諸島から日本列島に向かって流れており，九州南部や四国地方の南部が温暖になりやすい原因の一つである。

イ　対馬海流は，千島海流から分かれた暖流で，対馬海峡を経て日本海に流れている。

ウ　千島海流は，夏に東北地方の太平洋側などに，やませをもたらすことがある。

エ　リマン海流は，ロシアの沿岸から流れてくる寒流で，日本海に流れ込んでいる。

【イ】

要点をチェック

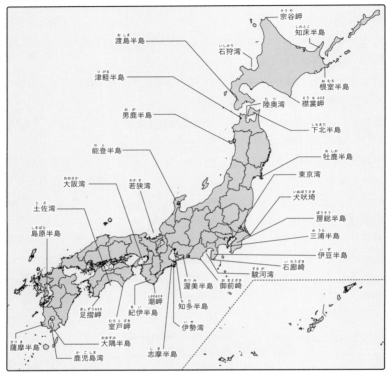

日本の湾・岬・半島

- 海の一部が陸地に入り込んだところを【湾】という。三方が海に囲まれている陸地を【半島】，陸地が海に突き出している部分を【岬】という。

- 青森県の陸奥湾は西の【津軽】半島，東の下北半島に囲まれている。

- 秋田県の男鹿半島，石川県の【能登】半島は日本海に突き出している。

- 【東京湾】は西の三浦半島，東の【房総】半島に囲まれている。

- 牡鹿半島や志摩半島の沿岸，若狭湾の湾岸には，複雑に入り組んだ海岸である【リアス海岸】が広がっている。

- 本州の最南端は紀伊半島の【潮岬】である。

- 土佐湾は，東の【室戸岬】と西の足摺岬にはさまれている。

ゼッタイに押さえるべきポイント ✎

□北海道の北東部にある【知床】半島は世界自然遺産に登録されている。

□【男鹿】半島は，北緯40度・東経140度付近にあり，その付け根には，大規模な干拓が行われた八郎潟がある。

□宮城県の【牡鹿】半島は，三陸海岸南部に位置し，東日本大震災では大きな被害を受けた。

□神奈川県の【三浦】半島では，野菜や草花などの近郊農業がさかんに行われている。

□日本海に突き出た石川県の【能登】半島は，美しい自然や史跡に恵まれている。

□静岡県の伊豆半島には温泉が多く，観光地として知られている。

□愛知県の知多半島の沖合には中部国際空港がある。愛知県の【渥美】半島では，電照菊やメロンの栽培がさかんである。　　　　　　　（大妻中など）

□三重県の【志摩】半島は，代表的なリアス海岸として知られている。

□太平洋に突き出た近畿地方南部の【紀伊】半島は，日本最大の半島である。

□長崎県の南部には，長崎半島と，雲仙岳のある【島原】半島がある。

□錦江湾とも呼ばれる【鹿児島湾】は，薩摩半島と大隈半島に囲まれている。

📖 入試で差がつくポイント　解説➡p156

□右の地図に示されたA～Gの岬の名前をそれぞれ答えなさい。

　　　　　（慶應義塾中等部など）

A【宗谷岬】　　B【犬吠埼】
C【石廊崎】　　D【御前崎】
E【潮岬】　　　F【室戸岬】
G【足摺岬】

要点をチェック

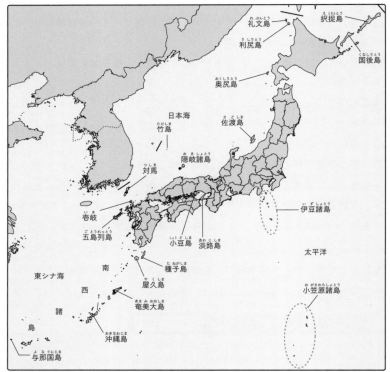

礼文島
択捉島
利尻島
国後島
奥尻島
日本海
佐渡島
竹島
隠岐諸島
対馬
伊豆諸島
壱岐
五島列島
小豆島
淡路島
太平洋
種子島
東シナ海
南
屋久島
小笠原諸島
奄美大島
西
沖縄島
諸
島
与那国島

日本の島

- 日本の国土は北海道・【本州】・四国・九州の4つの大きな島と，その他の多くの島々からなる。

- 太平洋に南北に連なる【伊豆諸島】と小笠原諸島は，東京都に属する。

- 瀬戸内海で最も大きい【淡路島】は兵庫県に属する。

- 瀬戸内海の東部にある小豆島は【香川県】に属する。

- 後鳥羽上皇が流された，日本海の【隠岐諸島】は島根県に属する。

- 九州と朝鮮半島の間に位置する【対馬】と壱岐は長崎県に属する。

- 南西諸島の島々の中には，周囲に発達した【さんご礁】が天然の防波堤となっているところもある。

ゼッタイに押さえるべきポイント ✏️

□日本の国土は，面積の広い順に本州，【北海道】，【九州】，【四国】の4つの
大きな島と，その他の多くの島々から成っている。

□4つの大きな島以外にとくに面積の広い島は，北方四島で最大の【択捉島】
とそれに次ぐ国後島，沖縄県の沖縄島，新潟県の【佐渡島】などである。

□鹿児島県の南部には世界自然遺産に登録されている【屋久島】と，鉄砲が伝
来した【種子島】がある。

□九州と台湾の間には【南西】諸島があり，鹿児島県に属する【奄美大島】（大
島）や，沖縄県で最も大きい島である【沖縄島】などがふくまれる。

（桐光学園中など）

📖 入試で差がつくポイント 解説➡p156

□次の①～④の図は，日本の4つの大きな島以外の，おもな島の形を表して
いる。当てはまる島の名前をそれぞれ，下のア～エから選びなさい。ただ
し，縮尺は異なる。 （豊島岡女子学園中など）

① ② ③ ④

ア 対馬 イ 佐渡島 ウ 淡路島 エ 択捉島

①【イ】 ②【エ】 ③【ウ】 ④【ア】

□隠岐諸島の位置を正しく示してい
るものを，右の図中のア～エから
1つ選びなさい。

（慶應義塾普通部など）

【イ】

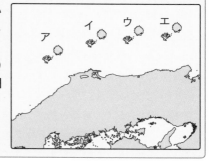

要点をチェック ✏

日本の自然災害

- 日本は【環太平洋造山帯】に位置するため【地震】が多く，火山の活動も活発。
- 地震は，活発に活動している【活断層】や，海洋プレートの沈み込みで発生。
- 地震により山地では【土砂崩れ】，都市部では建物の崩壊や【液状化現象】などが発生する。地震で海底の地形が変化すると【津波】が発生し，沿岸部に大きな被害が生じる。
- 火山の噴火により火山灰が飛び，さらに【火砕流】が発生することもある。
- 台風の通り道にあたる地域では，暴風や【高潮】の被害，大雨による洪水や【土石流】，土砂崩れなどの被害も起こる。
- 西日本では降水量が少ないと【干ばつ】が，東北地方では夏の気温が低いと農作物の生育が不十分になる【冷害】が発生する。
- 自然災害に対して，被害を防ごうとする【防災】や，できるだけ被害を少なくしようとする【減災】などの取り組みが行われている。
- 【ハザードマップ】は，災害による被害の予測や避難経路などがわかる地図。

ゼッタイに押さえるべきポイント

□1923年9月1日，関東地方全域と静岡・山梨の両県で死者・行方不明者が10万人を超える地震が発生した。これを【関東大震災】という。

□1991年，長崎県の【雲仙岳】（普賢岳）が噴火し，大規模な火砕流が発生した。
(中央大学附属横浜中など)

□1995年1月17日，淡路島付近を震源とする兵庫県南部地震が発生し，6000人以上が亡くなった。これを【阪神・淡路大震災】という。
(白百合学園中など)

□2011年3月11日，三陸沖を震源とする東北地方太平洋沖地震が発生し，津波などにより死者・行方不明者が2万人を超える被害が出た。これを【東日本大震災】という。
(香蘭女学校中など)

□2016年4月，震度7を2回観測する【熊本地震】が発生した。　(青稜中など)

□情報や注意を表すために用いられる絵文字を【ピクトグラム】といい，防災に関してもさまざまなものが定められている。　◆できたらスゴイ!

□防災のために作成された地図を【ハザードマップ】という。
(白百合学園中など)

□自然災害による被害を少なくするには，行政による【公助】，自分の身は自分で守る【自助】，地域の人々で助け合う【共助】の3つが不可欠である。
できたらスゴイ!

入試で差がつくポイント　解説→p156

□大気が不安定になると，大都市では雷雨や局地的なゲリラ豪雨が多く発生する。その結果見られる自然災害について，理由をあげながら，その様子を簡単に説明しなさい。

> 例：地面がアスファルトなので雨水が地中にしみこまず，地下街に流れこんだり，マンホールのふたを押し上げたりする水害が起きる。

自然災害による被害を防いだり減らしたりするためには，日ごろからの備えが必要だよ。

要点をチェック

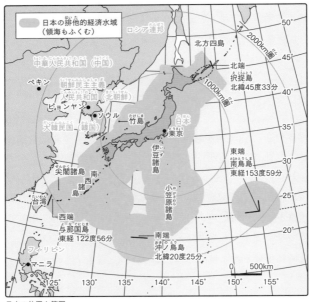

日本の位置と範囲

- 日本は【ユーラシア大陸】の東，太平洋の【北西】部に位置し，周りを海に囲まれた【島国】（海洋国）である。

- 国土は，【領土】，領海，領空からなり，これらを合わせて【領域】という。
→この範囲に国家の主権がおよぶ。

- 領海の外側で沿岸から【200】海里以内を【排他的経済水域】という。この範囲の水産資源や鉱産資源は沿岸国が管理することが認められている。

- 日本は離島が多く，排他的経済水域の面積は国土面積の約【12】倍もある。

- 歯舞群島，【色丹島】，国後島，択捉島からなる北方四島は日本固有の領土だが，現在は【ロシア連邦】が不法占拠している。（【北方領土問題】）

- 日本海にある【竹島】は島根県に属する日本固有の領土だが，【韓国】が不法占拠している。

- 東シナ海にある【尖閣諸島】は沖縄県に属する日本固有の領土だが，【中国】などが領有権を主張している。

ゼッタイに押さえるべきポイント

□日本の国土の北端は北海道の【択捉島】,東端は東京都の【南鳥島】,南端は東京都の【沖ノ鳥島】,西端は沖縄県の【与那国島】である。(浦和明の星女子中など)

□日本はおよそ,東経【122】度～154度,北緯20度～【46】度の間に位置している。

□日本の島数は【14125】である。

□日本の排他的経済水域の面積(領海の面積もふくむ)は約447万km²もあるが,国土面積は約【38】万km²に過ぎない。 (高田中など)

□領土・領海・領空をあわせた領域には,国家の【主権】がおよび,他国に支配,干渉されることはない。 (光塩女子学院中等科など)

□領海の外側にある【排他的経済水域】では,沿岸国が資源を独占的に利用する権利が認められている。これは沿岸から【200】海里の範囲である。

(浦和明の星女子中など)

入試で差がつくポイント 解説→p156

□日本の排他的経済水域の面積は国土面積の約12倍もある。そのおもな理由を2つあげ,簡単に説明しなさい。

例:島国で海岸線が長く,離島も多いため。

□右の図に関して,①～⑤に当てはまる語句を,次のア～オからそれぞれ選びなさい。
ア 領海 イ 領土
ウ 領空
エ 排他的経済水域
オ 公海

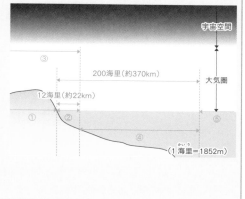

①【イ】 ②【ア】
③【ウ】 ④【エ】
⑤【オ】

日本の人口・世界の人口

要点をチェック

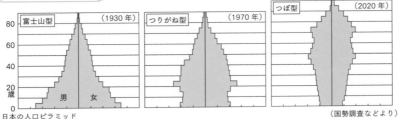

日本の人口ピラミッド　（国勢調査などより）

- 【人口ピラミッド】は，ある国や地域の人口構成を，男女別・年齢別に表したグラフである。

〈人口ピラミッドの変化〉
- 発展途上国では，出生率，死亡率がともに高い【富士山型】になる。
- 先進国では，出生率，死亡率がともに低い【つりがね型】になる。
- つりがね型よりさらに出生率，死亡率の低下が進むと，人口減少が進む【つぼ型】になる。

- ある国や地域の人口を面積で割ったものを【人口密度】といい，東アジアや東南アジア，ヨーロッパで高くなっている。

- 日本の総人口は約【1億2600万】人，人口密度は【338】人/km²（2020年）。

- 大都市では，人口が集中する【過密】が進み，住宅不足や交通渋滞などの都市問題が発生している。地方では，人口が減少する【過疎】が進み，社会生活を維持できない限界集落も見られる。

- 農林水産業などを【第一次産業】，鉱工業や建設業などを【第二次産業】，そのほかのサービス業や商業などを【第三次産業】という。労働力人口が最も多いのは【第三次産業】である。

- 女性が一生のうちに産む子どもの数を表した数値を【合計特殊出生率】という。日本の最近の数値は1.5以下で，【少子化】が進んでいる。

- 総人口に占める65歳以上人口の割合が7%を超えると高齢化社会，14%を超えると【高齢社会】，21%を超えると超高齢社会という。2020年の日本は約29%となっており，超高齢社会に突入している。

- 日本では，少子化と高齢化が同時に見られる【少子高齢化】が進行している。

ゼッタイに押さえるべきポイント ✏️

□2020年の国勢調査の結果によると，日本の総人口に占める65歳以上の人の割合は約【29】％で，高齢化が進行している。　（フェリス女学院中など）

□三大都市圏などでは，周辺の県から通勤・通学する人が多いので，夜間人口よりも昼間人口の方が【多く】なる。　　　　　　　　　　（雙葉中など）

□東京やその周辺の大都市では，他県などから転入してくる人が多く，人口が【増加】している。　　　　　　　　　　（日本女子大学附属中など）

□少子高齢化の進行で，労働力不足や，医療費などの【社会保障】の面で若い世代の負担が重くなることが問題となっている。　（西大和学園中など）

📖 入試で差がつくポイント　解説→p156

□1960年代以降，発展途上国を中心に人口が増加した理由を，2つあげなさい。

> 例：①医療や医薬品が普及し，年少人口の死亡率が低下したから。
> 　　②出生率が高いままであったから。

□右の図のア～カは，日本，中国，インド，アメリカ合衆国，スウェーデン，ドイツの6カ国について，老年人口の割合の移り変わりと今後の予測を表している。このうち，日本に当てはまるものを選びなさい。

【ア】

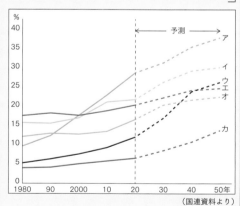

（国連資料より）

人口ピラミッドは，富士山型→つりがね型→つぼ型と変化するよ。

131

テーマ63 公害

〈要点をチェック〉

新潟水俣病
阿賀野川流域。化学工場から出たメチル水銀による汚染が原因。

イタイイタイ病
神通川流域。鉱山の排水にふくまれたカドミウムによる汚染が原因。

足尾銅山鉱毒事件
渡良瀬川流域。銅山から排出された鉱毒が原因。

北九州市の大気汚染
工場の排煙が原因。

四日市ぜんそく
四日市市。石油化学工場の排煙による亜硫酸ガスが原因。

水俣病
八代海（水俣湾）周辺。化学工場の排水にふくまれたメチル水銀による汚染が原因。

日本のおもな公害

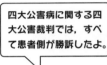

四大公害病に関する四大公害裁判では、すべて患者側が勝訴したよ。

- 日本の公害の原点は、明治時代に栃木県の渡良瀬川流域で起きた【足尾銅山】鉱毒事件といわれる。衆議院議員の【田中正造】は、この解決に力を注いだ。
- 日本では、高度経済成長期に次のような【四大公害病】が発生した。

〈四大公害病〉
- 水俣病…八代海（水俣湾）周辺で発生。メチル水銀（有機水銀）が原因。
- 新潟水俣病…阿賀野川流域で発生。メチル水銀が原因。
- イタイイタイ病…神通川流域で発生。カドミウムが原因。
- 四日市ぜんそく…三重県の四日市市で発生。亜硫酸ガスが原因。

- 八幡製鉄所を中心に発展した福岡県の【北九州】市ではかつて、工場の排煙による大気汚染などの公害が発生した。
- 1967年に公害対策基本法、1993年に【環境基本法】が制定された。
- 1971年に環境庁（2001年に【環境省】となる）が設置された。
- 現在、公害は大気汚染、水質汚濁、土壌汚染、【騒音】、振動、地盤沈下、悪臭の7つに分類されている。これを典型7公害という。

132

ゼッタイに押さえるべきポイント ✏

□水俣病は，工場の排水にふくまれていた【メチル水銀（有機水銀）】が原因
　で発生した。　　　　　　　　　　　　　　　　　　　　（西大和学園中など）

□【イタイイタイ病】は，鉱山の排水にふくまれていたカドミウムが原因で発生
　した。

□四日市ぜんそくは，工場の排煙にふくまれていた【亜硫酸ガス】が原因で発
　生した。　　　　　　　　　　　　　　　　　　　　　　（西大和学園中など）

□1993年に制定された【環境基本法】は，あらゆる環境問題に対応するため
　の法律である。

□2000年には，循環型社会を目指すための循環型社会形成推進基本法が制定
　された。

□現在では，典型7公害のほかに，産業廃棄物やダイオキシン，アスベスト，
　中国から飛来する【PM2.5】などが問題になっている。

📖 入試で差がつくポイント　解説→p156

□ごみの処理に関して，近年進められている3Rという取り組みはどのよう
　なものか，簡単に説明しなさい。

> 例：3Rとは，リデュース（ごみの減量），リユース（再使用），リサ
> イクル（再資源化）のことを指す。

□右の地図中のア～カから，次の
　①～④の四大公害病が起きた場
　所を選び，記号で答えなさい。
　① 新潟水俣病
　② イタイイタイ病
　③ 四日市ぜんそく
　④ 水俣病

　　　　① 【ア】　　② 【ウ】
　　　　③ 【エ】　　④ 【カ】

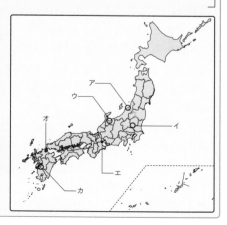

要点をチェック

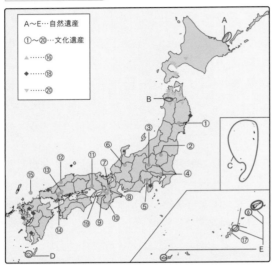

| A~E…自然遺産 |
| ①~⑳…文化遺産 |
| ▲……⑯ |
| ◆……⑱ |
| ▼……⑳ |

日本の世界遺産（2021年）

記号	名前
A	知床
B	白神山地
C	小笠原諸島
D	屋久島
E	奄美大島，徳之島，沖縄島北部及び西表島
①	平泉-仏国土（浄土）を表す建築・庭園及び考古学的遺跡群-
②	日光の社寺
③	富岡製糸場と絹産業遺産群
④	ル・コルビュジエの建築作品-近代建築運動への顕著な貢献-（※他6か国）
⑤	富士山-信仰の対象と芸術の源泉
⑥	白川郷・五箇山の合掌造り集落
⑦	古都京都の文化財
⑧	古都奈良の文化財
⑨	法隆寺地域の仏教建造物
⑩	紀伊山地の霊場と参詣道
⑪	姫路城
⑫	石見銀山遺跡とその文化的景観
⑬	原爆ドーム
⑭	厳島神社
⑮	「神宿る島」宗像・沖ノ島と関連遺産群
⑯	長崎と天草地方の潜伏キリシタン関連遺産
⑰	琉球王国のグスク及び関連遺産群
⑱	明治日本の産業革命遺産 製鉄・製鋼，造船，石炭産業
⑲	百舌鳥・古市古墳群-古代日本の墳墓群-
⑳	北海道・北東北の縄文遺跡群

- 人類が共有すべき明らかな価値をもつもので，世界遺産リストに登録された文化財や自然などを【世界遺産】という。世界遺産条約は国際連合の専門機関である【ユネスコ】の総会で採択された。

- 世界遺産は，【文化遺産】と【自然遺産】，および両方を満たす複合遺産に分類される。

- 世界遺産（自然遺産）は北から【知床】，白神山地，【屋久島】，奄美大島，徳之島，沖縄島北部及び西表島，小笠原諸島が登録。

- 世界遺産（文化遺産）には，「古都奈良の文化財」「琉球王国のグスク及び関連遺産群」のように，複数の【構成資産】から成り立っているものがある。

- 「特に水鳥の生息地として国際的に重要な湿地に関する条約」は，採択されたイランの都市の名前をとって【ラムサール条約】と呼ばれる。日本では北海道の釧路湿原や滋賀県の琵琶湖などが登録されている。

ゼッタイに押さえるべきポイント 🖍

☐ 秋田県と青森県の県境付近にある世界自然遺産の【白神山地】には、ブナの原生林が広がっている。　　　　　　　　　　　　　　　（立教女学院中など）

☐ 世界自然遺産の屋久島には樹齢数千年といわれる【縄文杉】がある。

☐ 日本で最も高い山である【富士山】は、信仰の対象と芸術の源泉として、世界自然遺産ではなく世界文化遺産として登録された。

☐ 世界文化遺産の「明治日本の産業革命遺産　製鉄・製鋼,造船,石炭産業」は、岩手県から最も南の【鹿児島】県まで、8県にまたがって登録された。

☐ 2018年に、【長崎と天草地方の潜伏キリシタン関連遺産】が世界文化遺産に登録された。

☐ 重要な地形を守りながら、教育や観光のために活用することを目的とする自然公園を【ジオパーク】という。日本では、ユネスコが支援している世界ジオパークとして伊豆半島や阿蘇などの地域が指定されている。　できたらスゴイ!

📖 入試で差がつくポイント 解説➡p156

☐ 右の地図中の①～⑥が示している日本の世界遺産の名前を、次のア～カからそれぞれ選びなさい。　　　　　　　　　　　　　（慶応義塾中等部など）

ア　白川郷・五箇山の合掌造り集落

イ　古都京都の文化財

ウ　平泉-仏国土（浄土）を表す建築・庭園及び考古学的遺産群-

エ　石見銀山遺跡とその文化的景観

オ　紀伊山地の霊場と参詣道

カ　富岡製糸場と絹産業遺産群

①【ウ】　②【カ】　③【ア】
④【イ】　⑤【オ】　⑥【エ】

世界の地形・自然・気候 STEP1

要点をチェック

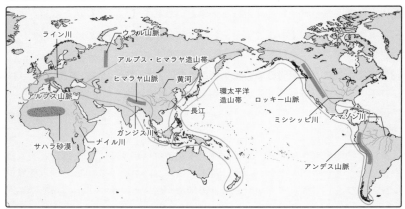

世界のおもな地形

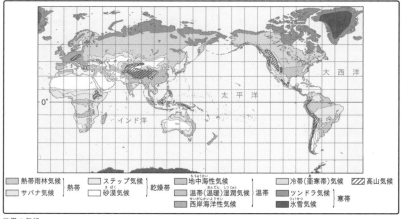

熱帯雨林気候	熱帯	ステップ気候	乾燥帯	地中海性気候	温帯	冷帯(亜寒帯)気候	高山気候
サバナ気候		砂漠気候		温暖(温暖)湿潤気候		ツンドラ気候	寒帯
				西岸海洋性気候		氷雪気候	

世界の気候

- 【太平洋】・大西洋・【インド洋】を世界の三大洋という。

- ユーラシア大陸・【アフリカ大陸】，北アメリカ大陸・南アメリカ大陸・オーストラリア大陸・【南極大陸】を世界の六大陸という。

- 世界の気候には【熱帯】・乾燥帯・温帯・【冷帯】（亜寒帯）・寒帯の5つと高山気候がある。

ゼッタイに押さえるべきポイント

□世界の険しい造山帯には，太平洋をとりまく【環太平洋造山帯】と，ヨーロッパからアジアに連なる【アルプス・ヒマラヤ造山帯】の２つがある。

□赤道を中心に広がる熱帯には，降水量が一年中多い【熱帯雨林】気候と，雨季と乾季がはっきり分かれる【サバナ】気候がある。

□乾燥帯には，降水のほとんどない，砂や岩の砂漠が広がる【砂漠】気候と，わずかな降水が見られる【ステップ】気候がある。

□温帯は季節の変化がはっきりしている。温帯には，ヨーロッパの西側などに見られ，１年を通して気温と降水量の差が小さい【西岸海洋性】気候，地中海沿岸などに見られ，夏は乾燥し冬に雨が降る【地中海性】気候，日本の大部分がふくまれ，１年を通して降水量が多い【温帯（温暖）湿潤】気候の３つがある。

□寒帯には一年中寒さが厳しく，夏の間だけ地表の氷がとけてこけ類が生育する【ツンドラ】気候と，１年中氷や雪におおわれる【氷雪】気候がある。

□【高山気候】は，熱帯〜寒帯の気候とは区別される気候の分類で，温帯では2000m以上，熱帯では3000〜4000m以上の標高が高い地域で見られる。

□日本は，【環太平洋】造山帯にふくまれるため，火山活動が活発である。

入試で差がつくポイント 解説➡p157

□世界の気候を説明した次の文の空欄①〜③に当てはまる言葉を，下のア〜オからそれぞれ選びなさい。

　世界の気候帯を，植物の育つところと育ちにくいところの2つに分けると，育つところには熱帯，（　①　），冷帯（亜寒帯）の3つが，育ちにくいところには（　②　）と（　③　）の2つが当てはまる。このうち，（　②　）は降水量が少なくて植物が育ちにくいところ，（　③　）は気温が低くて植物が育ちにくいところといえる。

ア　熱帯　　イ　乾燥帯　　ウ　温帯　　エ　冷帯　　オ　寒帯

①【ウ】　②【イ】　③【オ】

世界の地形・自然・気候 STEP2

要点をチェック

〈地球上の位置〉

- イギリスのロンドンを通る0度の経線（【本初子午線】）を境に，東を【東経】，西を【西経】という。

- 0度の緯線（【赤道】）を境に，北を【北緯】，南を【南緯】という。

- 太平洋上の180度の経線にほぼ沿って【日付変更線】が設けられている。

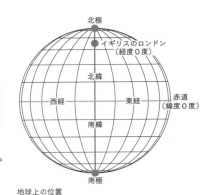

地球上の位置

〈気候帯の雨温図〉

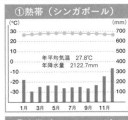

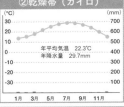

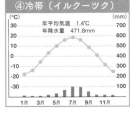

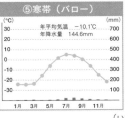

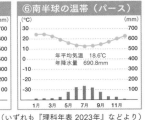

（いずれも『理科年表 2023年』などより）

- ①のシンガポール…【熱帯】の熱帯雨林気候。→一年中，高温多雨。

  ②のカイロ…【乾燥帯】の砂漠気候。→降水量が極端に少ない。

  ③のパリ…【温帯】の西岸海洋性気候。

  ④のイルクーツク…【冷帯】（亜寒帯）の気候。→気温の差が大きい。

  ⑤のバロー…【寒帯】のツンドラ気候。→一年中気温が低い。

  ⑥のパース…オーストラリア南西部にあり，温帯の地中海性気候。

▪ 次の①〜⑫の文が示す山脈や川，海や砂漠を，地図中のア〜シから選び，記号と名前をそれぞれ答えなさい。

① 北アメリカ大陸の西部にある山脈

② 南アメリカ大陸の西部にある山脈

③ ロシアの西部にあり，ヨーロッパとアジアを分ける山脈

④ 南アジアの北部にあり，8000m級の山々が集まる山脈

⑤ ヨーロッパの南部にあり，地中海沿岸と西ヨーロッパを分ける山脈

⑥ 中国北部を東に流れる川

⑦ 中国南部を東に流れる川

⑧ アフリカ大陸北東部を北に流れ，地中海にそそぐ川

⑨ 北アメリカ大陸中央部を南に流れ，メキシコ湾にそそぐ川

⑩ 南アメリカ大陸北部を東に流れ，大西洋にそそぐ川

⑪ ヨーロッパとアフリカの間にある海

⑫ アフリカ大陸にある世界最大の砂漠

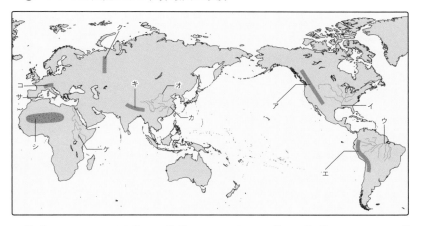

① 【ア，ロッキー山脈】　② 【エ，アンデス山脈】　③ 【ク，ウラル山脈】

④ 【キ，ヒマラヤ山脈】　⑤ 【コ，アルプス山脈】　⑥ 【オ，黄河】

⑦ 【カ，長江】　⑧ 【ケ，ナイル川】

⑨ 【イ，ミシシッピ川】　⑩ 【ウ，アマゾン川】

⑪ 【サ，地中海】　⑫ 【シ，サハラ砂漠】

> アルプス山脈，ヒマラヤ山脈，アンデス山脈，ロッキー山脈の4つの山脈と，ナイル川，アマゾン川をしっかりおさえよう。

テーマ67 方位・等高線

要点をチェック🖉

- ある地点から見た，ほかの地点の方向を【方位】という。

- 方位には北，東，南，西の【4方位】，その中間に北東，南東，南西，北西を加えた【8方位】，さらに細かく分けた16方位がある。

- 地図は，とくにことわりのない場合は，上が【北】になっている。上が北でない場合は，右上のような【方位記号】を入れ，北を示す。上が北の場合でも，方位記号を入れることはある。

- 地図上で，高さが同じ地点を結んだ線を【等高線】という。

- 等高線の間隔が【せまい】ところは，土地のかたむき（傾斜）が急である。

- 等高線の間隔が広いところは，土地のかたむき（傾斜）が【ゆるやか】である。

- 等高線は，2万5000分の1地形図では【10m】おきに，5万分の1地形図では【20m】おきに引かれている。

- 太い等高線は，2万5000分の1地形図では【50m】おきに，5万分の1地形図では【100m】おきに引かれている。

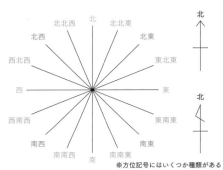

16方位

※方位記号にはいくつか種類がある

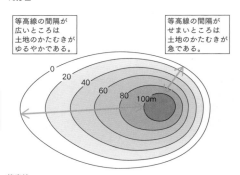

> 等高線の間隔が広いところは土地のかたむきがゆるやかである。

> 等高線の間隔がせまいところは土地のかたむきが急である。

等高線

等高線		2万5000分の1地形図	5万分の1地形図
計曲線	～	50mごと	100mごと
主曲線	～	10mごと	20mごと
補助曲線	～	5mごとまたは2.5mごと	10mごと
	⋯	なし	5mごと

等高線と地形図

> 等高線を見ると，その土地の起伏がわかるね。

140

問題演習

ゼッタイに押さえるべきポイント

□4方位で，東の反対の方位は【西】
　である。

□8方位で，北と西の間の方位は
　【北西】である。

□8方位で，南西の反対の方位は
　【北東】である。

□右の図のように，等高線をもとに
　【断面図】をつくることができる。

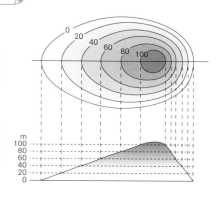

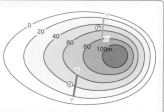

入試で差がつくポイント　解説→p157

□右の地図で，⑦X-X′と⑦Y-Y′とを比
　べて，傾斜が急な方はどちらか。記号を
　書き，選んだ理由も簡単に説明しなさい。
　なお，X-X′とY-Y′の地図上の長さは
　同じであるとする。
　　　　　　　　（湘南白百合学園中など）

急な方［⑦X-X′］

　例：等高線の間隔が
　　　せまいから。

□右の地形図について，この
　地形図の縮尺を答えなさい。
　また，その理由も簡単に説
　明しなさい。（高槻中など）

縮尺［2万5000分の1］

理由　例：10mおきに
　　　　等高線があ
　　　　るから。

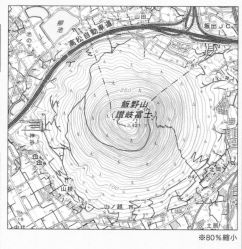

※80％縮小

141

要点をチェック🖉

土地利用	建物・施設		道路・鉄道・境界
田	建物	病院	2車線道路
畑	建物密集地	老人ホーム	軽車道
果樹園	◎ 市役所, 東京都の区役所	神社	徒歩道
くわ畑	○ 町・村役場	卍 寺院	国道および路線番号
茶畑	ö 官公署	図書館	有料道路および料金所
広葉樹林	X ⊗ 交番(左), 警察署(右)	博物館・美術館	単線 駅 複線以上 普通鉄道 (JR線) (JR線以外)
針葉樹林	Y 消防署	記念碑	
竹林	🏣 郵便局	風車	都・府・県界
ささ地	☆ 工場	城跡	北海道の支庁界
荒地	☆ 発電所・変電所	史跡・名勝・天然記念物	郡・市界, 東京都の区界
	✕ 小・中学校	墓地	町・村界, 政令指定都市の区界
	⊗ 高等学校	△ 三角点	
		□ 水準点	
		☼ 灯台	
		⚓ 漁港	

地図記号

- 【◎】は市役所（および東京都の区役所），【○】は町・村役場（および政令指定都市の区役所）の地図記号である。

- 【⊗】は高等学校，【✕】は小・中学校の地図記号である。

- ⊗は【警察署】，Xは【交番】の地図記号である。

- ☆は【工場】，☆は【発電所・変電所】，☼は灯台の地図記号である。

- □は【水準点】，△は【三角点】の地図記号で，標高を示す数字が書かれている。測量による標高点の数字が書かれている場合もある。

- 【JR線】の地図記号は■■が単線，■■■が複線以上である。JR線以外の鉄道の地図記号は＋が単線，＃が複線以上である。

- ┌ ┐は【田】，└ ┘は【畑】，は【荒地】の地図記号である。

ゼッタイに押さえるべきポイント 🖊

□地図記号には形を表したものがある。例えば，【老人ホーム】（⛭）はお年寄りが使う つえ を，【図書館】（📖）は本を，【博物館・美術館】（🏛）は建物を，【風車】（☗）は風力発電に使う風車をデザイン化したものである。

（国学院久我山中など）

□交番の地図記号【Ｘ】は，警察官が持つ警棒を交差させた形から，消防署の地図記号【Ｙ】はかつて消火活動に使われていた道具の形から，病院の地図記号【⊞】は昔の軍隊の衛生隊のマークからつくられた。

□🕮 は【自然災害伝承碑】で過去におきた自然災害の情報を伝えるものである。

（共立女子中・大阪星光中など）

📖✏ 入試で差がつくポイント　解説→p157

□地形図の問題で，川の流れる方向を問われた場合に着目する点を2つあげ，簡単に説明しなさい。　（青山学院中等部など）

> 例：①川の中に示されている，流れる方向を示す矢印。
> 　　②川の沿岸に書かれている，標高を表す数字。

□右の地形図から読み取れることとして正しいものを，次のア～エから1つ選びなさい。

ア　三井大橋は標高約200mの地点にある。
イ　仲町には交番と郵便局がある。
ウ　金丸に広がる斜面に住宅地がある。
エ　津久井湖の南岸には高速道路が通っている。

※90%縮小

【ウ】

要点をチェック

等高線
この地図では、主曲線が10mごとに引かれているので2万5000分の1の地図とわかる。

1：25,000

500m   0   500   1000   1500

- 実際の距離を縮めた割合を【縮尺】といい，5万分の1，1：50,000，$\frac{1}{50000}$ などのように表す。

- 1万分の1地形図，2万5000分の1地形図，5万分の1地形図などは，国土交通省という役所に属する【国土地理院】が作製・発行している。

- 2万5000分の1地形図と5万分の1地形図とを比べると，土地の様子がよりくわしく表されているのは【2万5000分の1】地形図である。このことから，2万5000分の1地形図の方を【大縮尺】の地図という。

- 地図上の長さの実際の距離は，地図上の長さ×【縮尺の分母】で求める。計算するときは，cm→m→kmの単位に注意する。

ゼッタイに押さえるべきポイント

□左ページの地図の縮尺は【2万5000分の1】である。

□左ページの地図における, 地図上の2cmの実際の長さは, 2cm×【25000】＝
50000cm＝500m＝0.5kmである。　　　　　　　　（早稲田実業学校中等部など）

□実際の距離で500mは, 2万5000分の1地形図では, 500m＝50000cmなので,
50000cm÷【25000】＝2cmとなる。　　　　　　　　　　　（駒場東邦中など）

□5万分の1地形図で2cmの実際の長さは, 2cm×【50000】＝100000cm＝
1000m＝1kmである。　　　　　　　　　　　　　　　　　　（法政第二中など）

□実際の距離で1kmは, 5万分の1地形図では, 1km＝1000m＝100000cmな
ので, 100000cm÷【50000】＝2cmとなる。

□2万5000分の1地形図は5万分の1地形図より縮尺が【大きい】ので, よりく
わしく土地の様子が分かる。　　　　　（本郷中・湘南白百合学園中など）

入試で差がつくポイント　解説→p157

□2万5000分の1地形図で示されたのと同じ範囲の長方形を, 5万分の1地形
図で表した場合, その大きさはどうなるか。次のア～オの中から正しいも
のを選びなさい。また, その理由を説明した下の文の（　）に当てはまる
言葉を, それぞれ答えなさい。

ア　同じ　　イ　2分の1　　ウ　4分の1　　エ　2倍　　オ　4倍

縮尺は（①）を縮めた割合であって,（②）を縮めた割合ではないから。

大きさ　【ウ】
理由　①【距離】　　②【面積】

□右の2万5000分の1地形図中に示された
正方形の実際の面積は何km²か。正方形
の1辺は, 地図上で2cmである。
　　　　　　（西大和学園中・高槻中など）
　　　　　　　　　　　【0.25km²】

要点をチェック

手段	特色
【新聞】	文字や写真でわかりやすく整理して伝える。保存や持ち運びができる。
ラジオ	すぐに伝えることができる（速報性）。音声で情報を伝える。車の運転や家事をしながら聞くことができる。
【テレビ】	すぐに伝えることができる（速報性）。音声と映像で情報を伝える。地上デジタル放送により、双方向のやり取りが可能になった。
【インターネット】	世界中の人々が自分の意見を発表できる。文字や映像で情報を伝え、すぐに調べることができる。
【電話】	一方的な伝達ではなく、話し合いが可能である。携帯電話はいつでもどこでも連絡ができるようになった。

おもなメディアの特徴

- 情報を伝える手段をメディアといい、このうちテレビや新聞のように一度にたくさんの情報を多くの人に伝達する手段を【マスメディア】という。

- マスメディアを使って、たくさんの情報を多くの人に伝達することを【マスコミュニケーション】、またはマスコミという。

- 2012年、テレビの【地上デジタル放送】が完全実施された。これにより、多チャンネル放送、データ放送などに加えて、情報を受け取る側からも発信できる双方向のやりとりが可能になった。

- 社会や政治に対して多くの人がもつ考えや意見を【世論】という。

- 名前、住所、生年月日など、ある人と特定できてしまう情報を【個人情報】という。犯罪に使われる可能性があるので、あつかいに注意する。

- マスメディアが伝える情報の中から、必要な情報を選び、正しさを確認して活用する能力を【メディアリテラシー】という。

- 多くの機器をつないで情報のやり取りをするしくみを【情報ネットワーク】といい、近年は、役所や医療など多くの場面で利用されている。

- 事実とちがう報道により迷惑を受けることを【報道被害】という。疑いが晴れても不利益や心に受けた傷は残るので、情報の送り手は情報の正しさに十分注意する必要がある。

- いつでも、どこでも、だれでも、何からでも情報ネットワークを利用できる社会を【ユビキタス社会】という。

ゼッタイに押さえるべきポイント ✏️

□名前や住所，生年月日などの【個人情報】は，悪用される可能性があるため，インターネットなどに安易に書き込むべきではない。 　　　　　　（開智中など）

□メディアが伝えるたくさんの情報の中から，必要なもの，正しいものを選び出し，活用する能力を【メディアリテラシー】という。 　　　　　　（高田中など）

□以前の【テレビ】は，一方通行の伝達が中心であったが，地上デジタル放送の完全実施により，双方向の発信が可能になった。

入試で差がつくポイント　解説→p157

□社会科の調べ学習をするとき，次の①・②の行動は正しいとはいえない。どのようにすればよいか，それぞれ簡単に説明しなさい。
　① 集めた情報は，すべて使うようにする。
　② インターネットの情報は信用できるので，そのまま使う。

　①　[例：本当に必要な情報だけを選ぶ。]

　②　[例：情報が信用できるものか，ほかの資料も調べて確かめる。]

□右のグラフのア～オは，テレビ（衛星放送をふくむ），インターネット，雑誌，新聞，ラジオの5つについて，広告費の移り変わりを表している。このうちインターネットに当てはまるものを選びなさい。

（浅野中など）

【イ】

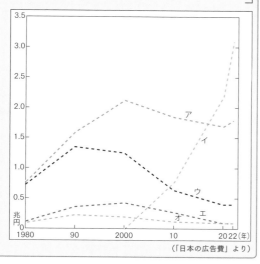

（「日本の広告費」より）

147

テーマ71 いろいろな地図

要点をチェック

①緯線と経線が直角に交わった地図

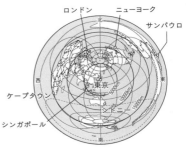

②中心からの距離と方位が正しい地図

③面積が正しい地図

- 【地球儀】は地球をそのまま縮めた模型で，地球上の距離や方位，面積，形などをほぼ正確に表しているが，持ち運びには不便である。

- そのため，さまざまな世界地図がつくられたが，球形の地球を【平面】に表すので，距離や方位，面積，形などのすべてを正確に表せるものはない。

- ①はメルカトル図法でえがかれた地図で，緯線と経線が【直角】にまじわっている。高緯度になるほど実際よりも面積が【拡大】されているという欠点があるが，等角航路を直線で表せるので，【海図】に用いられる。

- ②は正距方位図法でえがかれた地図で，中心点からの【距離】と【方位】が正しく表される。中心点とある地点を結んだ直線は，2地点の最短距離である大圏航路を示している。

- ③はモルワイデ図法でえがかれた地図で，【面積】をほぼ正確に表せるので分布図に用いられる。

- 地球は球形なので，日本から真東へ進んでいくと，アメリカ合衆国の西海岸ではなく【南アメリカ】大陸に到達する。

ゼッタイに押さえるべきポイント

□国際連合の旗は，北極点を中心とした【正距方位】図法でえがかれている。

□正距方位図法では，中心点からの【距離】と方位が正しく示されている。

□【メルカトル図法】では，等角航路が直線で求められるので，海図に用いられる。

□メルカトル図法では，【高】緯度になるほど，実際よりも面積が大きくなる。

□【モルワイデ図法】では，面積がほぼ正確に表示されるので，分布図に用いられる。
（豊島岡女子学園中など）

入試で差がつくポイント　解説→p157

□正距方位図法やメルカトル図法が分布図には用いられない理由を，それぞれ簡単に説明しなさい。（浅野中など）

正距方位図法
> 例：正距方位図法は，図の中心から離れるほど形がゆがんでいるから。

メルカトル図法
> 例：メルカトル図法は，面積が正確に表されていないから。

□右の地図を見て，次のア〜エの文のうち，誤っているものを1つ選びなさい。

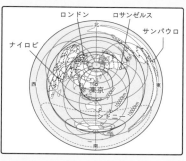

ア　東京から東に向かって出発した場合，最初に着く大陸は南アメリカ大陸である。

イ　東京のほぼ真西にある都市はナイロビである。

ウ　東京から見て，ロンドンとロサンゼルスの距離を比べたとき，ロンドンの方が近くにある。

エ　オーストラリア大陸の南には南極大陸がえがかれている。

【ウ】

テーマ01 日本の気候

1　中央高地は，山地に囲まれているため季節風の影響を受けにくい。

2　①は太平洋側の気候，②は北海道の気候，③は日本海側の気候の雨温図。日本海側の金沢市は，冬に降水量が多い日本海側の気候になっている点に注目する。

テーマ02 米　STEP1

1　食生活の変化によって米の消費量は減り，米あまりに対応するために行われた生産調整によって生産量も減っている。輸入量はわずかである。

テーマ03 米　STEP2

1　「食生活はまずしくなった」「味が落ちた」ことは，グラフからは読み取れない。小麦の消費量は増えている。

2　一人1年あたりの供給量は，消費量と考えてよい。

テーマ04 野菜・果物　STEP1

1　標高の高い地域での抑制栽培では，他の産地が出荷できない夏に，涼しい気候を生かして生産されたレタスやキャベツなどの高原野菜を出荷する。

2　促成栽培は，ビニールハウスなどの設備や暖房に費用がかかるという欠点がある。

テーマ05 野菜・果物　STEP2

1　高知県はなすとピーマンの生産量上位の県であること，トマトは熊本県で生産がさかんなことから考える。レタスは長野県や群馬県など，高冷地で栽培がさかん。

2　Aは和歌山県，Bは山形県，Cは山梨県，Dは青森県。

3　高知県ではなすの促成栽培がさかんで，冬でも出荷量が多い。①は茨城県，③は栃木県，④は群馬県。

テーマ06 工芸作物・畜産業　STEP1

1　①は高齢化と後継者不足，②は輸入と高価格，③は安全，高品質がポイント。

テーマ07 工芸作物・畜産業　STEP2

1　安全や高級という観点はグラフから読み取れない。

2　鹿児島県では畜産がさかんであることから考える。果実の割合が高いアはぶどうやももの栽培がさかんな山梨県，米の割合が高いイは水田単作地帯の富山県，野菜の割合が高いウはなす・ピーマンの促成栽培がさかんな高知県である。

テーマ08 水産業　STEP1

1　このほか，寒流を好む魚，暖流を好む魚がそれぞれ集まり，とれる魚の種類が多いことも考えられる。

テーマ09 水産業　STEP2

1　遠洋漁業は1970年代を境に落ち込んでいること，海面養殖業は徐々に増えていることなどから考える。

2　さけ・ますは低い水温を好み，自然の海では高緯度地方で多くとれる。そのため，ロシアやノルウェーからの輸入が多い。

3　中国の漁業生産量は急激に増えている。

テーマ10 林業・農業の課題　STEP1

① TPPによって，これまで農産物にかけられてきた関税などが撤廃されることに注目する。

② 手入れされていない森林は荒れやすく，災害が発生しやすい。

テーマ11 林業・農業の課題　STEP2

① 2000年，2005年では高齢者の割合は60％をこえていない。

② 主業農家・準主業農家・副業的農家を合わせて販売農家という。

テーマ12 工業の歴史・工業のすがた　STEP1

① アは高度経済成長期，イは石油危機以後，ウは世界金融危機以後の日本工業の特徴についての説明文。

テーマ13 工業の歴史・工業のすがた　STEP2

① 北海道の出荷額は5兆円～10兆円であるのに対し，沖縄県の出荷額は1兆円未満である。

② 大工場ほど，工場数は少ないが，製造品出荷額や1人当たりの現金給与が大きい。

③ 中国は成長がいちじるしく，アメリカは元から多くなっている。

テーマ14 工業の種類　STEP1

① 「冬は積雪で農業ができない」ということと「農家の副業」にふれる。

② 伝統工業でも高齢化が進んでいる。

テーマ15 工業の種類　STEP2

① すべてに愛知県が入っているが，①は静岡県や愛媛県，北海道，②は福岡県や岐阜県，③は兵庫県や千葉県，④は静岡県や神奈川県などに着目する。

テーマ16 工業地帯　STEP1

① 日本は資源にとぼしく，外国から多くの工業原料を輸入していたため，大型の港が臨海部に発達した。

② 他の工業地帯に比べて中小工場が多いこと，金属工業の割合が高いことが阪神工業地帯の特色である。中小工場が多いのは，日用品や雑貨類をつくる工場が多いためである。

テーマ17 工業地帯　STEP2

① かつては京浜工業地帯，現在では中京工業地帯の工業製品出荷額が最も多くなっている。

② イの阪神工業地帯は中小工場が多いため，工場数が多い。ウの中京工業地帯は，製造品出荷額が多く，働いている人の数も多い。アは京浜工業地帯である。

テーマ18 工業地域　STEP1

① 太平洋ベルトは，関東地方南部から九州地方北部にかけての地域である。

② 自治体が企業に情報提供したり，補助金を出したりして，工場を誘致することがある。

テーマ19 工業地域　STEP2

① このグラフは実数と割合の両方がわかる。グラフの各項目の左右の長さが製造品出荷額である。

テーマ20 日本の運輸・交通　STEP1

① 環境保全の観点から，それぞれの長所を活かしながら交通機関を選ぶことが求められている。

② 宅配便における長時間労働が問題となっている。

テーマ21 日本の運輸・交通　STEP2

① 平均輸送人員が明らかに多い②が鉄道，残った3つの中で次に多い③が自動車となる。長距離の移動に使われる④が航空機，①が旅客船となる。

② 入国者の総数が最も多いのは成田国際空港となる。②は，③と④に比べて入国者総数が多く，東京国際空港（羽田空港）と考えられる。福岡空港と那覇空港は，韓国や台湾にそれぞれ近く，それらの地域からの入国者の割合が高いことに注目する。

テーマ22 日本と関わりの深い世界の国々　STEP1

① アジアNIES以外にも，ブラジル，メキシコなどがNIESと呼ばれている。

テーマ23 日本と関わりの深い世界の国々　STEP2

① いずれも日本と関わりが深い国なので，国名だけでなく首都名や位置を整理する。④の大韓民国の仁川国際空港はアジアのハブ空港となっている。⑤のオーストラリアの首都は，最大の都市であるシドニーではないことにも注意。

テーマ24 資源・エネルギー　STEP1

① 天然ガスは埋蔵量が多いことも理由の一つである。

② 再生可能エネルギーは，二酸化炭素を出さない，枯渇しないという利点とともに，発電量が安定しにくいなどの欠点もあわせて押さえる。

テーマ25 資源・エネルギー　STEP2

① フランスは原子力発電の割合が高いのが特徴である。ブラジルには，世界最大の流域面積をもつアマゾン川が流れ，豊富な水力資源があるため，水力発電がさかんである。

② 水力発電所はダムに貯めた水を使って発電をするために山間部に立地する。火力発電所は，燃料の輸入に便利な大きな港があり，消費地である大都市の近くの沿岸に立地する。③は原子力発電所。

テーマ26 日本の貿易　STEP1

① 日本車の破壊や不買運動が起きたため，日本の自動車会社は問題の解決のために慎重に対応した。

② 2011年からしばらくの間，日本は貿易赤字が続いた。

テーマ27 日本の貿易　STEP2

① 日本の貿易相手国としては第1位と第2位の両国だが，アメリカ合衆国との貿易の割合は低くなり，中国との貿易の割合は高くなっている。

② 海上輸送（船）では重くてかさばるものを，航空輸送では軽く高価なもの，新鮮さが重要なものをおもに運ぶ。

① 浜松市は，都道府県庁所在地の静岡市よりも人口が多い。

② 福井県は若狭湾岸のリアス海岸の地形，千葉県は房総半島，鹿児島県は薩摩半島と大隅半島，高知県は室戸岬と足摺岬，愛知県は知多半島と渥美半島に着目する。

テーマ29 九州地方の自然

① ①は南西諸島の気候，②は日本海側に位置するが太平洋側の気候（③より降水量が少ない），③は太平洋側の気候の雨温図。

テーマ30 九州地方の農林水産業

① 火山灰が積もってできた土地や，水はけのよい扇状地は稲作に向いていない。

② ②の福岡県北部は大都市である福岡市や北九州市をふくむので，野菜や果物などの近郊農業がさかんである。

テーマ31 九州地方の工業・交通

① 石炭，石油，エネルギー革命などの用語を用いて説明する。

② ①の福岡県の宮若市・苅田町は自動車工業，②の長崎市は造船業，③の大分市は鉄鋼業，④の延岡市は化学工業，⑤の沖縄県は観光業がそれぞれさかんである。

テーマ32 中国・四国地方の自然

① 季節風が山地にさえぎられ，瀬戸内地方では降水量が年中少ないが，山陰は冬に，南四国では夏に季節風の影響で降水量が多くなる。

② ①は日本海側の気候，②は太平洋側の気候，③は瀬戸内の気候の雨温図。

テーマ33 中国・四国地方の農林水産業

① 野菜は新鮮さが求められるため，保冷トラックで，高速道路などを利用して，短時間で消費地に届けられるように工夫している。

② ①の鳥取砂丘では日本なしの栽培，②の岡山平野ではぶどうやももの栽培，③の広島湾ではかきの養殖，④の愛媛県ではみかんの栽培，⑤の高知平野ではなすなどの促成栽培がそれぞれさかんである。

テーマ34 中国・四国地方の工業・交通

① 瀬戸大橋は自動車と鉄道の両方が通れる橋で，開通により本州と四国の移動にかかる時間は大幅に縮まった。

② ①の岡山県倉敷市の水島地区では石油化学工業，自動車工業，鉄鋼業が，②の広島県福山市では鉄鋼業が，③の広島市では自動車工業が，④の宇部市や山陽小野田市ではセメント工業が，⑤の今治市では繊維工業がそれぞれさかんである。

テーマ35 近畿地方の自然

① 季節風や台風の影響で，紀伊半島は降水量の多い地域である。

② ①は太平洋側の気候，②は日本海側の気候，③は瀬戸内の気候の雨温図。

テーマ36 近畿地方の農林水産業

① 琵琶湖が生活用水として利用されていたことにふれて説明する。

② ①の三重県松坂市と兵庫県北部では肉牛の飼育が，②の淡路島ではたまねぎの栽培などの近郊農業が，③の志摩半島では真珠の養殖が，④の紀ノ川流域ではみかんの栽培が，⑤の紀伊山地では林業がそれぞれさかんである。

テーマ37 近畿地方の工業・交通

① 京都市では，古くからの町並みと調和するよう，建物の高さやデザインなどに細かな制限が定められている。

② ①の大阪府守口市や門真市では電気器具の生産が，②の兵庫県播磨地域では鉄鋼業が，③の大阪府東大阪市では日用品の生産がそれぞれさかんである。

テーマ38 中部地方の自然①

① 洪水を防ぐため，周囲に堤防を築いた集落を輪中という。木曽三川の下流の輪中では，母屋よりも高い場所に水屋が建てられた。

② 長野県の木曽谷から流れているのが木曽川である。

テーマ39 中部地方の自然②

① 軽井沢のほかに，栃木県の那須高原なども避暑地として知られている。

② ①は日本海側の気候，②中央高地の気候，③は太平洋側の気候の雨温図。

テーマ40 中部地方の農林水産業 STEP1

① 露地栽培でメロンなどがつくられている。

② 菊は本来，日照時間が短くなる秋に咲く花であるが，葬式で用いたり仏壇に供えたりするため，一年を通して需要がある。

テーマ41 中部地方の農林水産業 STEP2

① グラフから変化を読み取る問題では大きく増えているものや，大きく減っているものに着目するとよい。また，その変化が起こった理由についてもおさえておこう。

② 農作物の主要生産県をおさえておこう。

テーマ42 中部地方の工業・交通 STEP1

① ジャストインタイム方式は，関連工場が必要な部品を必要な数だけ，決められた時間に自動車工場へ納入するしくみのこと。

テーマ43 中部地方の工業・交通 STEP2

① 越中は富山県，越前は福井県の旧国名である。

② 半導体工場は九州や東北地方にも多く分布している。

テーマ44 関東地方の自然

① 都市化の進行によって，さまざまな問題が起こっていることを押さえる。

② ②は冬の平均気温が低いことから内陸部の前橋市，③は降水量が他の2つに比べて多いことから大島と判断できるので，①は東京と分かる。

テーマ45 関東地方の農林水産業

1. 生産する農家から見た長所と，消費者から見た長所を説明する。
2. ①の群馬県ではこんにゃくいもが，②の栃木県ではいちごが，③の茨城県ではれんこんが，④の千葉県では日本なしの栽培がそれぞれさかんである。

テーマ46 関東地方の工業・交通

1. 日本の人口は減っているが，東京など大都市への人口集中は続いている。
2. 京葉工業地域は，化学工業がさかんである。

テーマ47 東北地方の自然

1. 1993年に起った冷害では米が大凶作となり，タイなどから米を緊急輸入した。
2. ①は日本海側の気候の雨温図。②と③はともに太平洋側の気候の雨温図であるが，内陸にある②の方が冬の気温が低い。③は夏にやませの影響で気温が低くなる。

テーマ48 東北地方の農林水産業

1. 「冬の雪」，「保存食」という2つの内容を入れて説明する。
2. ①の津軽平野ではりんごが，②の庄内平野では米が，③の山形盆地ではさくらんぼが，④の福島盆地ではももがそれぞれさかんに栽培されている。

テーマ49 東北地方の工業・交通

1. 自動車工業は，関連工場との協力体制のもとで生産が進められている。
2. ①の青森県では津軽塗が，②の岩手県では南部鉄器が，③の秋田県では大館曲げわっぱが，④の山形県では天童将棋駒が，⑤の宮城県では宮城伝統こけしが，⑥の福島県では会津塗がそれぞれ生産されている。

テーマ50 北海道地方の自然

1. 北海道だけではなく，東北地方や北陸地方でも，同様の工夫が見られる。
2. 3地点とも北海道の気候であるが，①は気温の低さ，②は冬の降水量（雪）の多さ，③は夏から秋の降水量の多さに着目する。

テーマ51 北海道地方の農林水産業

1. 大型の機械を用いた大規模な農業を大農法という。

テーマ52 北海道地方の工業・交通

1. オーストラリアは，ほぼ日本の真南に位置している点に注目する。
2. ①の室蘭市では鉄鋼業が，②の苫小牧市では紙・パルプ工業が，③の釧路市では水産加工業がそれぞれさかんである。

テーマ53 日本の平野・川

1. 日本の川が，河口からの距離が短いわりに標高差が大きいことを読み取る。
2. 淀川は，滋賀県では瀬田川，京都府では宇治川と呼ばれている。

テーマ54 日本の盆地・台地

1 果樹栽培では水はけの良さが求められる。

2 関東ロームは火山灰が積もった赤土である。泥炭質の土地がかつて広がっていたのは石狩平野などである。

テーマ55 日本の山地・山脈

1 日本アルプスに当たる3つの山脈は、位置と名前を取り違えないようにしよう。

テーマ56 日本の山・火山

1 火山は温泉などの観光資源や発電のエネルギー源として活用されている。

テーマ57 日本の湖・海

1 暖流と寒流の流れる方向と名前をしっかり押さえておく。対馬海流は日本海流から分かれる。

テーマ58 日本の湾・岬・半島

1 犬吠埼の「埼」の字や、室戸岬の読み方（むろとざき）に注意しよう。

テーマ59 日本の島

1 都道府県の形だけでなく、おもな島の形も確認しておこう。

2 おもな島の位置も確認しておこう。

テーマ60 日本の自然災害

1 都市部では、都市化にともなうさまざまな災害が発生している。

テーマ61 日本の位置と範囲

1 排他的経済水域は海岸線を起点とするため、海岸線が長く、離島が多い方が、その範囲が広くなりやすい。

2 各国の船が公海を自由に航行できる権利を公海自由の原則といい、排他的経済水域にも適用される。

テーマ62 日本の人口・世界の人口

1 出生率が高いまま死亡率が低下したためである。

2 アは日本、イはドイツ、ウは中国、エはスウェーデン、オはアメリカ合衆国、カはインドである。老年人口の割合が最も高いアを日本と判断する。

テーマ63 公害

1 リデュース（ごみの減量）、リユース（再使用）、リサイクル（再資源化）の英語の意味は問われることがあるので、おさえておこう。

2 イは足尾銅山鉱毒事件が起きた渡良瀬川流域、オはかつて大気汚染や水質汚濁が問題となった北九州市である。

テーマ64 日本の世界遺産

1 世界遺産は今後も登録数が増える可能性がある。入試に取り上げられることも多いので、ニュースに注意しておこう。

テーマ65 **世界の地形・自然・気候　STEP1**

1　世界の気候を分類するときは気温と降水量に注意が行きがちだが，この分類を考え出した
ケッペンは，最初に植物の生育に注目した。

テーマ66 **世界の地形・自然・気候　STEP2**

1　日本列島はアのロッキー山脈，エのアンデス山脈とともに，太平洋を取り囲む環太平洋造
山帯にふくまれている。

テーマ67 **方位・等高線**

1　等高線の間隔がせまいほどその土地の傾斜は急で，広いほどゆるやかになる。

2　等高線の間隔から，縮尺を知ることができる。計曲線が50m，主曲線が10mごとに引か
れていれば2万5000分の1の地形図である。

テーマ68 **地図記号**

1　地形図を読むときは，細かな情報も見落とさないようにしよう。

2　三井大橋付近の標高は140m前後，仲町にあるのは交番ではなく警察署，津久井湖の南岸
にあるのは国道である。

テーマ69 **縮尺の問題の解き方**

1　縮尺は距離を縮めた割合であって面積を縮めた割合ではないことに注意する。この問題の
場合，1cm四方の正方形の範囲を例に，実際に計算してみるとよい。

2　2万5000分の1地形図上で2cmの距離は，実際には50000cm＝500m＝0.5kmになるので，
0.5×0.5＝0.25km^{2}である。

テーマ70 **通信・情報**

1　情報の収集や活用についてのルールやマナーをしっかりおさえておこう。

2　近年，広告費に占めるインターネットの割合が増加している。アはテレビ，イはインター
ネット，ウは新聞，エは雑誌，オはラジオである。

テーマ71 **いろいろな地図**

1　それぞれの図法の特徴を整理しておく。

2　入試では，正距方位図法で図の中心となるのは東京が多いので，とくに形がゆがむ南アメ
リカ大陸のおもな都市の位置を確認しておこう。

> 解説もチェックして，「入試で差がつく
> ポイント」で扱った切り口・テーマを，
> 押さえておこう！

おわりに

　ここまで来たということは，全部しっかり取り組んだか，必要な単元だけを取り組んで終了させたか，「はじめに」からワープしてきたか，勉強の合間の休憩か，みなさんそれぞれ違っているでしょう。いずれにしても，この本がお役に立てたのであれば，とてもうれしいことです。

後回しになりがちな「社会」

　中学入試において，「算数」の点数が合否を決める，偏差値を左右する場合が多々あります。そのため，「算数から固めなさい！」と言われます。私自身も，塾の生徒に算数を中心に勉強しなさいと言い続けているので，生徒たちも社会はどうしても後回しになります。

　この本を読んでいるみなさんも同じ状況でしょうか。もしそうであれば大丈夫です。他の科目が安定して，あとは社会の得点を伸ばすだけとなっていれば未来は明るいです。残りわずかな期間でも社会は伸びる科目です。この本を読んでいる時期はさまざまでしょうが，時期は関係ありません。みなさんが社会の得点を上げようと頑張り始めた「今」から得点は上がるものです。次のことを実践すれば，取り組めば取り組んだ分だけ，社会の得点はあがりますよ！

社会の得点の上げ方

①まずこの本や他のテキストを何度も読む

②過去問を始め，問題を解く

③間違い直しをする

　「え，それなら今ちゃんと取り組んでいるよ」という人もいるかもしれませんが，この②と③が不十分である生徒がたくさんいます。①は物事を「理解する」こと，つまり，自分の中に知識を入れることです。自分が覚えやすいように工夫をして覚えましょう。たとえば，日本三大急流（富士川，球磨川，最上川）は「ふじみのくまさんもがいてる」と覚えられますね。一つずつ覚えるのもいいのですが，まとめて覚えてしまうと効率よく覚えられます。たとえば，

　A 大豆の輸入先　大豆はア　ブラ　カナ

　　（輸入先上位国アメリカ，ブラジル，カナダ）

B 小麦の輸入先　小麦は<u>アメ</u>　<u>カナ</u>り　<u>オー</u>い

　　（輸入先上位国<u>アメ</u>リカ，<u>カナ</u>ダ，　<u>オー</u>ストラリア）

といったゴロ合わせも。自分で工夫して覚えれば，必ず定着させられます。私の塾では，東海道新幹線・山陽新幹線の通る都府県を「東京かなしあいぎしきおひおひやふ」と覚えろ！と教えています。東京都→神奈川県→静岡県→愛知県→岐阜県→滋賀県→京都府→大阪府→兵庫県→岡山県→広島県→山口県→福岡県の頭文字をとったものです。これはあくまで一例で，覚え方はさまざまです。**自分が覚えやすいように取り組みましょう。**

　②は各問題が「できる」ことです。自分の中に入った知識を外にだすことです。そして，できなかった問題を③で今一度自分の中に入れるのです。この②の部分を繰り返し，できる問題を増やして本番に臨んでください。

大切な人たちに

　ここで紹介したのはあくまで一つのやりかたですが，社会は今からできるようになります。安心して頼れる人の協力を得て，入試本番まで頑張ってくださいね。試験会場では一人ですが，大切な人たちが応援してくれていることを忘れないでください。**合格した生徒たちは入試本番数日前に「勉強する機会を与えてくれてありがとうね。」という言葉をお父さんやお母さんに言っています。**こういった言葉を，大切な人たちに向かって素直に言えることは本当に素晴らしいことです。でもお父さんやお母さんはその言葉を受け止めながらも，それは入試に合格してから言えって心の中で思っているようですよ。

　さいごに，私にも大切な人たちがたくさんいます。まずはこの本を読んでくれているみなさん。そして私を支えてくれる塾の生徒，卒業生，保護者の方，講師の方々，編集にご協力いただいた㈲マイプランの方々，KADOKAWAの角田顕一朗さん。そして，多くの機会をくださり，監修にあたりアドバイスをいただいたスタディサプリ社会科の先輩，伊藤賀一先生にこの場を借りて心より御礼申し上げます。

　みなさん，『改訂版　中学入試にでる順　社会　歴史』でもお会いしましょう。

監修　玉田久文

玉田　久文（たまだ ひさあき）
スタディサプリ講師。
1980年、兵庫県生まれ。大学時代から兵庫県の学習塾で教壇に立つ。
大学卒業後は外食産業に就職するが、数年後に香川県で塾業界に戻る。
2006年より、中学受験専門塾の社会科講師として、首都圏の学習塾
で活躍。
2010年に独立し、現在は神奈川県横浜市で少人数専門の中学受験専
門塾を経営している。2015年から、スタディサプリ小学講座・中学
講座で社会科を担当。
「社会は興味を持てばすぐに得意科目になる」という考えのもと、生
徒が興味を持つ楽しい授業を展開し、好評を得る。
著書・監修書に『改訂版　中学入試にでる順　社会　地理』『改訂版
中学入試にでる順　社会　歴史』『高校入試 7日間完成 塾で教わる
中学3年分の総復習 社会』（以上、KADOKAWA）、『中学社会のなぜ?
が1冊でしっかりわかる本』（かんき出版）、『桃太郎電鉄でポイント
135 日本地理まるわかり大図鑑』（講談社）などがある。

かいていばん　ちゅうがくにゅうし　じゅん　しゃかい　ちり
改訂版　中学入試にでる順　社会　地理

2024年1月26日　初版発行

たまだ　ひさあき
監修／玉田　久文

発行者／山下　直久

発行／株式会社KADOKAWA
〒102-8177　東京都千代田区富士見2-13-3
電話　0570-002-301（ナビダイヤル）

印刷所／株式会社加藤文明社印刷所

製本所／株式会社加藤文明社印刷所